海派文化丛书

海上奇葩

——上海工人文学创作

任丽青　杨清泉著

文匯出版社

图书在版编目（CIP）数据

海上奇葩 /任丽青，杨青泉著.—上海：文汇出版社，2010.5

ISBN 978-7-80741-832-0

Ⅰ.海… Ⅱ.①任… ②杨… Ⅲ.文学–作品综合集–中国–当代 Ⅳ.I217.1

中国版本图书馆CIP数据核字（2010）第041737号

海上奇葩

——上海工人文学创作

出 版 人 / 桂国强

作　　者 / 任丽青　杨青泉
丛书主编 / 李伦新
责任编辑 / 乐渭琦
装帧设计 / 周夏萍

出版发行 / 文匯出版社
上海市威海路755号
（邮政编码200041）
经　　销 / 全国新华书店
照　　排 / 南京展望文化发展有限公司
印刷装订 / 上海译文印刷厂
版　　次 / 2010年5月第1版
印　　次 / 2010年5月第1次印刷
开　　本 / 640×960　1/16
字　　数 / 200千
印　　张 / 16

ISBN 978-7-80741-832-0
定　　价 / 32.00元

编委会

总序

在中国所有的城市中，没有也不可能有两个城市是完全相同的，每个城市都有各自的特点和个性。上海，无论是城市的形成过程、发展道路，还是外观风貌、人文内蕴，抑或是民间风俗习惯等，都有鲜明的特点和个性，有些方面还颇具奇光异彩！

如果要我用一个字来形容上海这座城市，我以为唯独一个“海”字，别无选择。

上海是海。据研究表明，今上海市的大部分地区，尤其是市中心地区，在六千多年以前，尚是汪洋一片。随着时间的推移，长江的奔流不息，大海的潮涨潮落，渐渐淤积成了新的陆地，以打鱼为生的先民们开始来这一带活动。滩涂湿地渐长，围海造地渐移，渔民顺势东进，于是出现了叫上海浦、下海浦的两个小渔村，由此迅速发展起来。到南宋咸淳三年（1267年），在今小东门十六铺岸边形成集镇，称上海镇。后于1292年正式设置上海县，县署就在今老城厢内的旧校场路上。一个新兴的中国滨海城市就这样开始崛起。所以我认为，上海可以说是一座水城，上海是因水而生，因水而兴，水是上海的血脉，水是上海的精灵。直至今日，上海的地名、路名依旧多有滩、渡、浜、泾、汇、河、桥、塘、浦、湾……这都在向人们证明，是水造就了上海这座城市。

海洋是美丽而壮观的。约占地球表面总面积的70.8%是海洋水面，如果称地球为“水球”也不无道理。海洋是广阔而有边的，是深而可测的。“日月之行，若出其中；星汉灿烂，若出其里。”海洋是生命的摇篮，是资源的宝库……任你怎样为之赞美都不会过分。

海在洋的边缘，临近大陆，便于和人类亲密接触。我国的万里海疆，美丽而且富饶，被誉为能量的源泉、天然的鱼仓、盐类的故乡，孕育着宇宙的精华，激荡着生命的活力……任你怎样为之歌唱都不会尽兴。

上海是海。是襟江连海的不息水流造就了上海，更是水滋养了上海，使这座城市孕育了以海纳百川、兼容并蓄为主要特征的海派文化。可以说，没有水就没有上海，就没有这座迅速崛起的滨海城市。没有海派文化的积极作用，也就没有上海的迅速崛起和繁荣发达。今后，上海的发展还要继续做好这篇水文章，充分发挥自己的优势和特点！

上海是海。上海人来自五湖四海，是中国最大的移民城市，是典型的近代崛起的新兴城市，不同于在传统城市基础上长期自然形成的古老城市。1843年开埠以前，上海人口只有20多万，经过百年的发展，人口猛增到500多万。据1950年的统计，上海本地原住民只占上海总人口的15%，移民则高达85%。上海的移民，国内的大都来自江苏、浙江、安徽、福建、广东，国际的虽来自近四十个国家，但主要来自英、法、美、日、德、俄，其数量最多时高达15万人。在一个多世纪中，上海大规模的国内移民潮有如下几次：

太平天国期间，从1855年到1865年，上海人口一下子净增了11万。

抗日战争时期，特别是孤岛期间，仅4年时间，上海人口净增了78万。

解放战争期间，三年左右，上海人口净增了208万，增势之猛，世界罕见。

改革开放以来，上海产生了新一波移民潮，人口增长势头也很猛，现在户籍人口已经超过1 800万，此外，还有外来务工人员600万。每年春运高峰，车站码头人山人海、人流如潮，是上海一道独特的风景。

上海是海。上海的建筑素有万国博览会之美誉，现在是越来越名副其实了。有人说建筑是城市的象征，是城市文化的载体；也有人说建筑是凝固的音乐，是城市的表情。依我看，上海的城市建筑是海派文化的外在形象体现，无论是富有上海特色的石库门里弄房屋，还是按照欧美风格设计建造的各式各样的建筑，包括集中于南京路外滩的建筑群，和分布于各区的多姿多彩的别墅洋楼，诸如文艺复兴式、哥特式、巴洛克式、古典主义式……现已列入重点保护的优秀历史建筑就达300多处，或者是后来建造的如原中苏友好大厦等，都在向人们无声地讲述着丰富而生动的历史人文故事，演奏着上海社会发展进步史上的一个个乐章。

上海是海。上海人讲话多有南腔北调，还有洋腔洋调。中国地域广阔，方言土语十分丰富。56个民族，都有本民族的语言。上海这个迅速崛起的移民城市，人口的多元化，自然带来了语言的多样化，中国各地方言和世界各国的语言大都能在上海听到。

上海是海。上海人的饮食，可谓多滋多味，菜系林立，风味各异，川帮、广帮、闽帮、徽帮、本帮……应有尽有；西菜、俄菜、日本菜、印度菜……数不胜数。

上海是海。上海的戏剧舞台百花争艳，京剧、昆剧、越剧、沪剧、淮剧、歌剧、舞剧……剧种之多，阵容之齐，在国内数一数二，在国际堪称少有。浙江嵊县土生土长的越剧在上海生根开花，走向全国；而上海土生土长的沪剧则别具一格地将莎士比亚的《罗密欧与朱丽叶》、王尔德的

《少奶奶的扇子》改编成功……

上海确实就是海!

海派文化姓海。

海派文化不等于全部上海文化,而是上海文化独特性的集中表现。

姓海的海派文化,是我们中华文化的一部分。中华文化是我们中华民族之魂。中华文化历史悠久,博大精深,就像一棵根深叶茂、顶天立地的大树,巍然屹立,万古长青,枝繁叶茂,这树的主干在北京,树根深扎国土,树枝则是伸向祖国各地各民族的地域文化和民族文化。有一种说法耐人寻味:看中华文化五千年要到西安去;看中华文化两千年要到北京去,看近百年来中华文化发展要到上海去。当然,比喻总是蹩脚的。

姓海的海派文化,是伴随着上海这座典型的移民城市的崛起而形成和发展的,来自江苏、浙江、安徽、广东、福建……的移民带来了当地的民族民间文化,在上海相互影响,有的彼此融合,有的相互排斥,有的自然淘汰,经久磨合而逐渐形成新的文化形态。因此,海派文化是吸纳了国内各地民间文化精华,孵化生成具有鲜明上海地方特色和个性的独特文化。

姓海的海派文化,是受世界文化特别是受西方文化影响最多的中国地域文化。1843年上海开埠以后,西学东渐,海派崛起,云蒸霞蔚,日趋明显。随着西方物质文明的输入,如1865年10月18日在南京路点亮第一盏煤气灯,从此上海有了“不夜城”之名;1881年英商自来水公司成立,次年在虹口铺设水管,开始供水……东西方人与人、文化与文化整体接触,尤其是租界上“华洋杂处”、“文化混合”,虽然于我们是一种无可奈何的选择,但客观上却是引进西方文化早而且多,使上海成了“近代化最成功的地方,市民文化最强大的城市”,往往统领风气之先。

姓海的海派文化，是随着上海发展而发展的，是客观存在，有客观规律，我以为大体可分为这样几个时期：

萌芽时期：1843年上海开埠以前，中华传统文化特别是吴越文化，为海派文化提供了基础，开始孕育海派文化。

成长时期：1843—1949年期间，特别是20世纪三四十年代，上海“八面来风”似的国内外移民，哺育了海派文化的成长。

转折时期：这又可以分为两段：1949—1965年间，建国以后，定都北京，商务印书馆等文化单位迁往北京，以郭沫若、茅盾、叶圣陶、夏衍、曹禺为代表的上海文坛骁将率队陆续迁居北京，上海在电影、文学、戏剧等诸多方面不再是中国的文化中心，这是很正常的转移。上海虽然不再是中国的文化中心了，但文化基础很好，依然作用不小，有些方面如电影、小说在全国的影响还是很大的。这也给海派文化带来了新的发展机遇。1966—1976年，“文化大革命”十年浩劫，整个中国文化，包括海派文化，遭受了毁灭性的破坏，罄竹难书。

成熟时期：1976年，笼罩祖国天空的阴霾一举扫去，阳光重新普照大地，结束长达十年的浩劫，开始拨乱反正、改革开放新时期，在全中国范围对“文革”进行反思，进行平反冤假错案，逐步恢复正常的文化活动。上海以话剧《于无声处》和小说《伤痕》为起点，海派文化开始新的阶段。在党的十一届三中全会精神指引下，上海再次成为东西方文化交流的中心，海派文化重新焕发青春，健康发展，在新的基础上正在走向成熟。

当前，海派文化面临着新的机遇和挑战，存在这样那样前进和发展过程中难以避免的问题和弱点，这是要引起重视并认真对待的。

姓海的海派文化，有哪些基本特点呢？我以为主要有：

一是开放性：海纳百川、有容乃大，为我所用，化腐朽为神奇，创风气之先河。不闭关自守，不固步自封，不拒绝先进。

二是创新性：吸纳不等于照搬照抄，也不是重复和模仿人家，而是富有创新精神，洋溢着创造的活力。当年海派京剧的连台本戏、机关布景是创新，如今的《曹操与杨修》也是创新，金茂大厦则是在建筑文化方面的创新。

三是扬弃性：百川归海，难免泥沙俱下，鱼龙混杂，尤其在被动开放时期，特别是在“孤岛时期”，租界内某些殖民文化的影响也不能忽视，需要加以清醒地辨别，区别对待，避免盲目和盲从。

四是多元性：海派文化和其他事物一样，具有综合性，是复杂的体系，不应该要求纯之又纯，水清无鱼，那就不成其为海派文化了。雅与俗，洋与土，阳春白雪与下里巴人相容并存，以致落后、低级、庸俗、黄色、反动文化，在以往那特定历史时期，也夹杂其间，怎么能用这些来对今天的海派文化说事呢。

五是商业性：海派文化在不同历史时期和不同政治、经济、社会环境中，其适应市场的商业性都有不同的表现。上海人往往对国内外市场行情具有敏感性，适应市场变化的能力比较强，有些从事文化艺术工作的人士，也比较有经济头脑和市场意识。

我认为，海派文化的“派”，既不是派性的派，也不是拉帮结派的派，更不是其他什么派。千万不要“谈派色变”，也不必对“派”字讳莫如深，远而避之，切忌一提到“派”字，就联想到造反派、搞派性、讲派别！不，我们这里所说的海派文化，是反映上海文化风格的最重要流派。我国有京派文化、徽派文化、吴越文化……和海派文化一样，都是中华文化的组成部分。我们的京剧有麒派、尚派等等，越剧有袁（雪芬）派、傅（全香）派、戚（雅仙）派……都是戏剧艺术的流派，流派纷呈有何不好。

我认为，海派文化是客观存在，不以人们的主观意志为转移。海派文化并不是一成不变的，而是一直在发展变化之中，既不要一提到海派文化就沉醉于20世纪30年代怀旧情调中，也不要一说到海派文化马上就和当年的流氓、大亨、白相人划等号。应该看到，经历了漫长时期的风雨淘洗，特别是进入改革开放新时期以来，上海发生了巨大变化，海派文化也呈现出前所未有的崭新面貌。海派文化发展的至高境界，我想就是"海派无派"，正如石涛先生所说，"无法而法，乃为至法"。应该要为海派文化向至高境界发展而不断努力。

时代呼唤《海派文化丛书》。

《海派文化丛书》是历史的需要。在经济全球化和文化趋同化的当今世界，我们伟大祖国亿万人民正在为建设和谐社会、和谐世界而团结奋斗，中央要求上海搞好"四个中心"建设，发挥"四个率先"作用，还要继续搞好在浦东的综合改革试点，为中国特色社会主义事业作出应有贡献，特别是要主动热情地为争取办好中国2010年上海世界博览会而努力。世界人民的目光聚焦上海，为了全面了解上海、正确认识上海，都迫切需要为他们提供新的准确而完整的图书资料。国内各兄弟省市的同志也有这样的愿望，新老上海人同样都有这个要求。可以说，编辑出版一套系统介绍海派文化的丛书是当务之急。

《海派文化丛书》必须力求准确系统地介绍海派文化。海派文化曾经有过争议，如今也还是仁者见仁，有不同看法是正常的，也是好事。我们编纂者则要严肃而又严格地正确把握，既不要过于偏爱，也不要执意偏见。近年来，由于上海大学领导的重视和不少专家学者热情支持，已经举行了多次海派文化学术研讨会，汇编出版了五本论文选集，受到社会各方面的关心和欢迎，但这还远远不够。我们要以认真负责的态度，出版好这套丛书。

《海派文化丛书》的创作、编辑、出版工作一经动议，就得到作家、编辑和有关领导的热情支持，得到上海大学、上海市对外文化交流协会和文汇出版社等大力帮助。我相信，《海派文化丛书》的出版可以为中华文化宝库增添新的内容，为中华民族的振兴和上海的建设增强精神助推力，同时，也可为希望全面了解上海的中外人士，提供一套具有系统性、权威性、可读性而又图文并茂的图书。

我谨代表《海派文化丛书》的作者、编者、出版发行者，向所有给予帮助和支持的单位及个人表示衷心感谢！向读者和收藏者们致以诚挚的敬意！向读后对本丛书提出批评意见和建议的朋友鞠躬致敬！

是为序。

李伦新

2007年5月20日于乐耕堂

（本文作者为上海大学海派文化研究中心主任）

目录

引言

在2009年快要结束的时候，一个令人鼓舞的消息从大洋彼岸传来，美国《时代》周刊评选中国工人阶级为年度人物第2名，并且配发了深圳4位工人的照片，这是该周刊首次将一个群体作为评选对象。该刊认为中国工人阶级辛勤地劳动、认真地思索和对未来的追求值得钦佩，是他们创造了中国经济年增长超过百分之八的奇迹，引领世界经济走向复苏。《时代》周刊的这一举动受到国内外人士的普遍欢迎，因为他们的评价符合事实，卓有眼光。这真是有点墙内开花墙外香的味道。不过，对工人阶级的劳动和贡献进行文学表现，一直成为上海工人作家的神圣使命。新中国成立以来，不论是刮东风还是刮西风，他们都没有放下手中的笔，而是坚守自己的文学阵地。他们用自己所喜爱的文学体裁记录、描绘、探索上海的工业建设和城市发展，也为上海文学留下各行各业一个个鲜活的工人形象。如果你看腻了红玫瑰白玫瑰，或者看腻了一场场风花雪月的故事，你可以看一看别样的文学风景——上海的工人文学，你可以从中获得一些有意思的东西。这一派文学是上海当代文学史上光辉的一页，也是最具上海城市特点的文学之一。

上海一直是全国工人文学创作的重镇，曾经在建国后至“文革”前的“十七年”时期以及粉碎“四人帮”以后的30年间形成两个创作的黄金期，以一批具有全国影响力的好作品震撼着社会和人们的思想。上海的工人文学有两个鲜明的特征，一是有着雄厚的群众性创作基础，二是形成了具有代表性的作家群体。

在“十七年”时期，参加文学创作的工人群众多得无以计数。在上海的文艺报刊上发表作品的作者当中，工人作者几乎占据半壁江山。这是上海工人作者的文学创作取得全国性影响的第一个黄金期。1956年，全国优秀青年文学创作者代表大会在北京召开，上海有8位工人作者参加，费礼文还当选为主席团成员，这对上海的工人文学创作起到了很大的鼓舞作用。上海的工人作者中较有成绩的大概可以分为三个层次。第一层次是参加了电台、《劳动报》或《群众文艺》等编辑部举办的创作学习班的工人作者。他们都发表了数篇作品，但还不出名，人数有两三百人。第二层次是在上海及全国的文学刊物上发表较多文学作品、已经有了小名气的工人作者，人数大约有50人，包括沪东船厂的居有松，电话局的仇学宝、福庚，国棉十九厂的李根宝，上海分马力电机厂的张英，达丰印染厂的郑成义，华通开关厂的周嘉俊，上海钢铁结构厂的毛炳甫，新民机器厂的谢其规，上海电机厂的胡宝华，上海汽轮机厂的俞志辉、俞培荣，亚细亚钢铁厂的丁承羽，上海申新六厂的宁宇，上钢一厂的王金源，国棉二十一厂的徐锦珊，新业电工机械厂的楼颂耀，上海铁路局的朱珊珊、陈继光，上海航道局的张士敏，以及金云、徐俊杰、肖木、高金荣、谷亨利、水渭亭、孟凡夏、钱士权等。第三层次是很有名气、已经加入中国作协并被收入作家传略的工人作家如胡万春、唐克新、费礼文和陆俊超。这个时期上海工人作家发表作品之多，获奖之多，都是新中国文学史上绝无仅有的。胡万春的《骨肉》在世界青年联欢节的国际文艺竞赛中获得了世界优秀短篇小说奖。费礼文和唐克新的短篇小说被翻译成英、日、俄语和世界语，并被介绍到很多国家。

“大跃进”时期，工人创作不可避免地受到浮夸风的影响，诗歌数量极度膨胀，多为接近标语口号的民歌。比如：“脚手像天梯／一级高一级／直插彩云头／俯视千山低”；“运料工人能顶天／钢的腰骨钢的肩／千斤生铁千斤碳／车行赛飞燕”；“困难像弹簧／看你强不强／你强他就弱／你弱他就强”。到了三年自然灾害时期，工人阶级的精神依然是昂扬的，比如这首流传很广的诗：“山外青山楼外楼／英雄好汉争上游／争得上游莫骄傲／还有英雄在后头”。

“文革”期间，上海成了“左倾”思想的重灾区，工人文学创作也不可避免地带上鲜明的“战斗”色彩，“政治概念诗”大行其道。在上世纪50年代和60年代，已经出现“什么藤结什么瓜，/什么树开什么花。/什么时代唱什么歌，/什么阶级说什么话”这样具有阶级斗争意识的民歌。“文革”时期，更是有了“吟诵主席诗篇，/眼明心亮志坚；/任凭征途坎坷，/高擎红旗向前”这种高度概念化的诗，以及“纺织女将赛诗来，/跃上诗台当炮台；/一首诗歌一门炮，/万炮齐轰走资派”这种作为政治工具的“影射”诗。绝大多数有实力的小说家则陷于迷茫和沉思。

粉碎“四人帮”以后的1978年，工人作者宗福先以一出《于无声处》把上海人民压抑已久的感情传达出来，率先对“文革”说“不”，用文学的方法为“天安门事件”平反，这比党中央在第十一届六中全会上做出

* 改革开放前的宣传画

决定正式否定“文革”提前了三年。上海工人阶级勇敢地冲破“极左”思想束缚的这一声春雷，拉开了上海工人文学创作第二个黄金期的序幕。在80年代，老一辈工人作家深刻总结30年来工人文学创作的成就和不足，胡万春、唐克新、费礼文、张士敏等人纷纷创作“反思”文学，工人文学迎来思想性和艺术性双丰收的第二个春天。工人小说逐渐从写生产、写技术转变成写工人的精神追求和心理活动，反映社会的快速变化和观念的巨大更新。90年代初，邓小平同志重新评估了上海的地位，提出发展浦东的重大决策，上海迎来了新的发展机遇。在这个过程中，上海出现了新一代的工人作家，形成以上海市工人文化宫剧作家群和以沪东工人文化宫诗歌创作群为代表的新的创作群体。工人的创作从过去“血统”工人的文学创作发展成职工的文艺创作，并且大踏步地向影视领域拓展。工人剧作家群以直面生活的勇气，大胆切入敏感的改革题材，揭示工人群众的所思、所感和所忧，塑造了一个个工人阶级的硬汉形象，丰富了当代文学的形象画廊，也为上海的城市文化注入鲜活的元素。工人剧作家的创作不仅受到职工群众的欢迎，还获得了“文华大奖”、“五个一工程奖”、“飞天奖”、“金鹰奖”、“金星奖”、“金鸡奖”、“百花奖”和“华表奖”等多项国家奖项。

上海工人创作的这种可喜现象的出现和中国的国情、上海的市情有着密切的关系。简言之，就是所谓政治原因、经济原因和体制原因。

说到政治原因，首先就是党中央和毛主席对于作家队伍的新的要求。中华人民共和国成立伊始，包括毛泽东在内的党和国家领导人就多次在重要会议和重要文件中提出，要建立一支工人阶级的文艺大军。这支文艺大军包括两个方面，一个方面是在历次国内革命战争和抗日战争中努力与工农兵结合、刻苦改造世界观的知识分子文艺工作者；另一个方面就是工农兵文艺工作者，而又以后一个方面为主、为重。毛主席曾经说过："为了建成社会主义，工人阶级必须有自己的文学家、艺术家，造成工人阶级知识分子的新队伍。"邓小平说："要加强从工人农民中培养知识分子的工作，要建立业余群众文艺的新据点，培养工人农民出身的文学写作者。"文艺界的最高领导周扬也说："你们是从工农兵群众中来的。你们又会劳动又会创作，拿起枪来是战士，拿起笔来也是战士。你们既是生产的队伍、打仗的队伍，又是创作的队伍。这么一支队伍，在我们的文艺战线上出现，是文学史上破天荒的大事，是一件值得高兴、值得庆贺的大事。"

因此，培养工农作家就成了一项政治性很强的工作。最基础的工作是从普及性的扫盲运动开始的。到了1965年，全国共扫除文盲9571.3万人，基本上扫除了职工中的文盲。扫盲运动改变了工人阶级的文化状况，提高了他们的阶级觉悟。有一首工人歌谣《纱厂女工歌》是这样唱的："解放前，住草棚；/解放后，住楼房。/解放前，跑典当；/解放后，跑银行。/解放前，跑进车间像蒸笼；/解放后，跑进车间有春风。/解放前，生了小囡无保障，/解放后，生了小囡白又胖。"又比如《想想从前，比比现在》："过去吃糠吃不饱，/现在有饭又吃荤。/过去子女不上学，/现在排队去报名。/过去手中不捏笔，/现在钢笔插一根，/过去不见自行车，/现在到处揿车铃。/过去没有戏文看，/现在日日有电影。"

文化程度的提高，直接刺激了一部分工人群众的创作热情。胡万春在谈到自己的创作经验时说："1955年4月，党给我一个机会到北戴河去学习。我们学习的是工会工资工作。于是我们学习了马克思的剩余价值学说。我被剥削的秘密吸引住了。我懂得了有了阶级就有了剥削，有了剥削就有了人压迫人。我更懂得了，自己是工人，在旧社会这样受苦受难，是因为我们工人阶级是被压迫阶级，于是，我就产生了对旧社会强烈的仇恨。”[①] 他的成名作《骨肉》就是在这样的教育背景下产生的。

说到经济原因，就不得不提到上海工业的发展和工人队伍的强大。上海是李鸿章苦心经营洋务运动的大本营，他设立的江南制造局、轮船招商局、上海机器织布局等企业，不仅开创了中国最早的民族工业，也培育了中国最早的工人阶级。1843年的开埠也使上海较早沐浴西风美雨，促进了上海的工业发达。其中，英资和日资开设的纺织厂就奠定了上海纺织业中心的地位。外商投资的发电厂、自来水厂和电话局等现代化企业也都提升了上海的城市化和现代化水平，使得杨浦区成为著名的工厂集聚区和工人集聚区，即大名鼎鼎的“大杨浦”。据统计，进入20世纪后，上海的工人数量快速地增长。1920年工人阶级人数为56.3万人，1939年增加到60万人以上，1949年达到100万人，而仅仅过了两年即增加到141.38万人。

解放以后，上海工业生产的重要性也不断得到党和政府的高度重视。在第一个五年计划期间，为了实现社会主义工业化，中央提出了优先发展重工业的方针。“一五”计划明确提出，充分利用东北、上海和其他城市已有的工业基地，发挥它们的作用，以加速工业的建设，并要求上海在发展轻纺工业的同时，大力发展重工业，以支援全国的建设。上海纺织厂数量最多的时期是20世纪70年代，大型国营纺织厂发展到35家，市区容纳不下，就把国棉三十五厂建在了崇明岛。钢铁厂也有十多家，从上钢一厂到上钢十厂，再往下就用“新沪钢铁厂”之类的汉字给厂家命名。

“一五”期间，第二产业（工业）在“国民生产总值三项产业比”中占到53.6%，处于绝对优势地位。上海的重工业有了较大增长，特别是1953年和1956年增长最快，增长幅度都在50%以上。当时，上海的重工

---

① 胡万春《作家谈创作》，花城出版社1981年8月版第682页。

业大体上可分为钢铁冶金、机电、造船、化学和建材五大部分。上海已经由一个以纺织工业为主的工业城市转变为一个以重工业为中心、具有较为完整的工业系列的综合性工业基地。

工业建设是决定社会主义国家命运的经济建设。工业建设的成就和工人阶级的生活也就成了毛泽东所说的“最火热的斗争”和“最广大最丰富”的创作源泉。上海的社会主义工业建设给工人的文学创作提供了源源不断的生活素材，没有上海的工业建设的大发展就没有上海工人文学创作的繁荣。而用文学手段描写上海工业发展面貌的上海工人文学自然成了上海的一张特别的名片。

说到体制原因，就要提到文学部门的培养机制和工会部门的组织工作，这两股力量合在一起，共同造就了工人创作的繁荣。建国以后，从中央到上海的党政部门，都对培养工人作者和繁荣工人创作提出了明确的要求和具体的指示。1965年，全国青年业余文学创作积极分子大会在北京举行，代表中的大多数是工人作者。周恩来和朱德接见了与会代表。中共中央政治局委员、书记处书记彭真、中宣部副部长周扬、团中央书记处书记胡克实、全国总工会书记处书记顾大椿以及作协副主席刘白羽等人分别在开幕式和闭幕式上作了发言。中国作协领导人邵荃麟在新中国成立初期就考虑了如何组织工农作者的问题。他在《新形势下文艺运动上的几个问题》一文中指出：“这里一个主要问题，就是如何使广大工农中间的爱好文艺者组织起来呢？应该运用怎样的形式去组织他们呢？这个问题的重要性是比作家本身组织的问题要提得更高了。工农群众的文艺组织，在性质和机能上，应该和作家的组织是有多少不同之处。”[①] 邵荃麟提出的措施则是：先让工农作者在生产单位的小型活动

---

① 《邵荃麟评论选集》（上），人民文学出版社1981年1月版。

中崭露头角，然后再由高一级的组织形式把其中的先进分子组织起来。后来上海的工人文学创作培养工作基本上就是按照这个思路运作的。

上海的文学组织担负了培养工人作者的主要工作。柯切托夫是苏联著名的工人文学作家，他创作了描写列宁格勒造船厂工人生活的小说《茹尔宾的一家》，曾担任苏联文学报总编辑，成为中国工人作者学习的榜样。1957年，他率领苏联文化代表团来华访问。当时上海作协就利用其在上海逗留的机会，邀请他参加座谈会，并与上海的工人作者交流创作经验。柯切托夫欣然与会，并作了"怎样写工业题材"的讲话，对上海的工人创作起到了较大的鼓舞与指导作用。

《上海文学》的前身《文艺月报》在创刊后不久，开辟了"习作"栏目，主要发表工人作者的文章。1956年，全国青年文学创作积极分子代表大会召开，上海的工人文学创作进入了高潮期。为了更好地发表工人等群众作者的作品，扶植群众文艺，上海决定办一份青年文学刊物，取名《萌芽》。从第2期起，《萌芽》开辟"文学青年笔谈会"园地，并首先刊发了电话局工人福庚的诗歌创作经验介绍，以及编辑刘金撰写的讲评文章。编辑赵自写了不少读稿随想，对工人的创作进行分析。为了进一步推动并适应群众文艺运动的普遍发展和不断提高，上海对文学刊物作了一个重要的调整，把市一级文艺期刊《萌芽》、《群众文艺》、《街头文艺》和《工人习作》合并起来，从1958年9月16日起改版为《萌芽》半月刊。新《萌芽》除了定期发表短小生动、言之有物的指导性专论、述评和典型经验介绍外，又新辟"文艺笔谈"、"友谊书斋"、"作品分析"、"群众创作述评"、"文艺阅读"、"文艺信箱"、"经验谈"等专栏，大力辅导群众创作。

《萌芽》编辑部还走开门办刊的路子，联合社会各界共同推动群众文艺创作活动。比如1960年3月19日晚，编辑部就联合了杨浦区群众文艺工作委员会，在沪东工人文化宫小剧场举办了全市区级的第一个“赛故事、小小说会”。全区有沪东造船厂、国棉十七厂、上海锅炉厂等89个单位近300名工人业余作者参加了比赛。他们带来了厂里预赛选出来的作品。在3个多小时里，组委会共收到作品193篇。为了把这些优秀作品及时推荐介绍给全国广大读者，《萌芽》编辑部在当年第7期上集中出了一个小小说特辑，选登了部分优秀作品。经过刊物这样的宣传介绍，这种新的群众文艺创作形式很快就在全市传播开来。不久，闸北区工人俱乐部和上海青年宫等单位也分别举办了类似比赛。1963年年底，《萌芽》编辑部主动到沪东造船厂找居有松，帮助他制订创作计划。1964年，居有松就写出了《造船工出了新一代》，1965年又写出了《为祖国造油轮》等有影响的作品。

1953年，市总工会委托《劳动报》组织工人作者学习班，请作协的专家来辅导。《解放日报》也办过工人通讯员学习班。很多作家担任了以上这些学习班的辅导员，其中包括胡风、柯蓝、以群、魏金枝、菡子、王若望、赵自、阿章、唐铁海、茹志鹃等人。

胡万春在《略谈文学创作中的几个问题》中谈到一个事例，国营二机厂有一个从来没写过诗的工人，第一次写，结果被文化出版社印到了书里，等到他自己看到的时候，简直不敢相信这是真的。“喔唷，我也好写了！”原来他以为，写文章的人大多数是穿长衫马褂戴礼帽的，“我伲捏榔头的人不行。”现在他相信了，“我伲捏榔头的人也能写作的。”

为了更好地培养工人作者中的佼佼者，上海还采取了选拔工人作者到文学期刊担任编辑的培养方法。其中，胡万春先后去过《劳动报》和《解放日报》；唐克新、仇学宝、郑成义和王宁宇到《萌芽》；费礼文先后到《劳动报》和《上海文学》；张英到《解放日报》。他们后来都成了著名的工人作家。

上海人民广播电台也发挥了重要的辅导作用。早在1952年，上海人民广播电台就成立了“工人文学写作小组”，并一直坚持两周一次的文艺学习和写作讨论活动。开始的时候，学员们只能写一些简单的通讯报道和快板唱词。后来经过专业作家和电台编辑的具体帮助，他们逐渐学会了写作生活小故事和速写等文体，而且创作出了一批比较好的短篇小说。比如，国棉六厂的唐克新，在1950年的时候，连通俗的文艺作品也不能完全读懂，后来却能够在电台编辑的帮助下，完成了近3万字的小说《古小菊和她的姐妹们》。亚细亚钢铁厂的丁承羽、国棉十厂的季金燧、启新纱厂的金云、申新六厂的成云雄、上海柴油机厂的费礼文、上钢二厂的胡万春、大中铁工厂的杜文川等人，无不是在这样的情况下创作出较好的文学作品。

为了使辅导工作卓有成效地进行，辅导员们动了很多脑筋，比如说采取分阶段、抓重点的方法。在学习了有关语言的知识后，辅导员就发动大家“写话”。学习了“写自己熟悉的生活”以后，辅导员就布置“我写我”的任务。对工人作者的这些习作，辅导员们及时地加以小结和引导，提出修改意见。有些作品就这样在经过5、6次，7、8次修改以后，才变成一篇较好的作品。而工人作者的写作水平也就在这种学习过程中逐步地得到提高。

国家级刊物《文艺报》对上海工人的文学创作也比较重视，在“十七年”时期共有专题报道、评介36次。

但是，毋庸讳言，也有一些文学评论对工人的文学创作产生了负面影响。人所共知，姚文元和徐景贤是“文革”中著名的帮派人物，“十七年”时期，他们就通过文学评论对工人创作进行误导。比如徐景贤在1959年10月号的《上海文学》上发表《谈〈1959上海民歌选〉的成就》

一文，说“《1959上海民歌选》的最大成就就是运用民歌这一战斗武器，生动地驳斥了国内外阶级敌人和右倾机会主义分子对党的总路线、对大跃进、对人民公社的诬蔑和攻击。”徐景贤把新民歌完全当做政治的附庸，榨干了新民歌的现实主义精神，是一种愚弄群众、利用群众的恶劣伎俩。从此文中人们不难看出，一哄而起的、浮夸的群众性文艺创作与这种不切实际只唱政治高调的文艺鼓噪颇有关系。姚文元在1963年4月号的《上海文学》上发表《这不仅是家庭问题》一文，对胡万春的《家庭问题》做了上纲上线的分析，认为这是用阶级斗争的观点从事写作而得出的可喜成果。而这篇小说恰恰是把家庭生活政治化、把生活趣味政治化、把工人和技术人员对立化的一篇不成功的作品。工人文学创作中比较多的反映所谓无产阶级思想与资产阶级思想斗争的内容，跟文学批评的这种误导很有关系。

上海的各级工会组织是浇灌工人文学创作之花的辛勤园丁。在各工厂企业工会组织广泛支持的基础上，上海市工人文化宫成为培养工人作者的大学校。上海的老工人们大都记得这个日子：1950年9月30日上午。西藏路、广东路转弯角上的原东方饭店门前，红旗招展，锣鼓喧天，一派喜气洋洋的景象。陈毅市长亲笔题写的横匾“工人的学校和乐园”，挂上了东方饭店的大厅。从此，这里就成了上海市总工会直属单位——上海市工人文化宫。这座六层楼的大厦，是上海市总工会以当时14万个折实单位向东方饭店买下来的，又用了2.5亿（旧币）进行改造装修，使整个大楼焕然一新。

市工人文化宫的图书馆当时是全市最大的职工图书馆，不仅向全市职工开放，还设立了读书指导组，开展阅读辅导工作，举办文学辅导讲座、读书报告会、读书研讨会、作家与读者见面会等，引导职工好读书、读好书、读书好。文化宫还培养自己的创作员，业余故事团的黄宣林就是很受工人欢迎的工人故事员。他创作的有影响的作品约为50多个，在报刊上发表的也有近20个。他于60年代初参加故事活动，1977年以前，他主要是把报刊上的好人好事或小说改编成故事。之后，他就尝试自己创作新故事，往往把工人群众关心的各种社会问题编写成故事。他的作品情节曲折生动、头尾完整清晰，能上口，记得住。80年代，他的故事作品荣获了《故事会》的“优秀故事奖”。

上海市工人文化宫也是工人业余诗歌创作的大学校，这里举行的数

* 上海市工人文化宫位于市中心

次大型赛诗会至今还让一些工人诗人念念不忘。上海铁路局司机朱珊珊回忆了1963年的一次令人难忘的赛诗会情形:“那是元旦过后,我从苏州铁路司机学校返回上海度寒假,正巧赶上上海市工人文化宫的迎春诗会。当时,上海群众性的诗歌创作活动风起云涌,每年的‘春节’、‘红五月’、‘七一’、‘国庆’,上海市工人文化宫都要举办赛诗会。出乎意料的是,我的处女作《第一次走上机车》,居然得到与会著名诗人芦芒的赏识。他夸奖这首诗‘来自铁路生活,有一股清新气息,充满对劳动的热爱和对工作的自豪感……’诗歌由他推荐,很快在《青年报》上发表。之后,上海市工人文化宫文艺创作辅导室打印出了《上海工人迎春诗会选》。我至今仍保留着这本珍贵的油印诗集。《第一次走上机车》的成功令一个初出茅庐的文学青年欣喜若狂,激发起我对诗歌创作的极大兴趣和写作热情,并始终忠于‘诗是生活’这个原则,坚持反映时代脉搏,老老实实地写自己的诗,以后便一发不可收拾。自此,我以虹口工人诗歌组组员的名义,经常参加上海市工人文化宫的赛诗会,并不断得到培养、锻炼和熏陶。正是他们的细心扶持,我就此与诗结缘,走上了崎岖且漫长的‘文学小径’。我沿着两根闪亮的钢轨,行进在祖国广袤的大地上,以饱满的热情拥抱铁路生活。”①

上海市工人文化宫曲艺创作组、曲艺团,是职工文艺队伍里的一支轻骑兵。曲艺团创作演出的节目,不仅仅有说唱、相声、独脚戏,也有一批反映职工生活、塑造工人形象的优秀话剧、滑稽戏,如《出了废品之后》、《花样百出》、《美丽的心灵》等。上海人民广播电台、上海电视台经常播放曲艺团的演出节目,报纸、杂志上也经常有创作组的作品亮相。后来,曲艺团的演出又开始走向大江南北。曲艺团的演员,也在上海市

① 《春华秋实》,上海市工人文化宫编,2000年9月内部发行,第144页。

工人文化宫的培养下，在演出实践中成长。他们中间的很多人如黄永生、林锡彪、宋国华（小翁双杰）、龚仁龙、张松年、孙明等后来还走上了专业道路，创作组王飘同志成为上海工人曲艺家，胡廷源、傅峰同志成为上海滑稽界的名编剧、名导演。

知名剧作家贺国甫也曾深情地回忆道："对我来说，市宫有着特殊的意义和回忆：她，是我的大学，我的高等教育是在市宫完成的，尽管直到现在，她没有也无法给我大学文凭。因为我的身体条件，当时几乎所有的大学专业对我来说都是限考的。高考对我来说变成了一个毫无意义的形式。考完试回家，乘着家里没人，我畅畅快快地流了一次眼泪。后来我当上了照相馆的小学徒，每天在伸手不见五指的暗房里印照片、冲照片。日复一日，年复一年，但我的内心仍然牵挂着读书，我的工作台上永远放着英语单词卡片、唐诗宋词卡片，心中的那个大学梦已经残缺不堪了，但时不时地会出现在你的心头，让你蓦然一惊，接下来就是隐隐的痛楚、淡淡的遗憾。就在这个时候，我收到了一张市宫的

* 陈毅市长为上海市工人文化宫题写的牌匾

戏剧学习班的录取通知书。我拿着这张通知书来到了市工人文化宫，当时我真的不知道，这小小的一张通知书会对我的命运产生如此之大的影响。这张小小的通知书，它让我学习了戏剧创作，它改变了我的职业，它甚至改变了我一生的生活！市宫，让我系统、完整地受到了戏剧创作的教育和训练，并使创作成了我的终身职业，把我从一个照相店的小学徒培养成了一个剧作家。"①

上海市工人文化宫话剧团是中国话剧界一个非常特别的团体，她以《于无声处》炸响了新时期思想解放运动的第一声惊雷而蜚声全国，又以一系列探索性社会问题剧引起社会广泛关注。这个团体的创作水平达到了工人文学创作前所未有的高度。毕业于上海戏剧学院的曲信先是这个剧团惟一一个科班出身者，由于他把培养工人剧作家当做自己终生的事业，被他的弟子戏称为"祖师爷"，被市工人文化宫授予"终身成就奖"。曲信先从小喜欢戏剧，中学毕业后考上中国科技大学生物物理系。他在课余时间写了剧本《斯巴达克思》，被同学郭庶英发现，并由她带回家给父亲郭沫若看。郭老肯定了曲信先的戏剧才华，亲笔修改了他的剧本，并建议他改学戏剧。后来，曲信先果然转学到上海戏剧学院戏文系，成为熊佛西院长的得意门生。毕业的时候正是工人阶级领导一切的年代，听说上海市工人文化宫要成立一个专业的艺术团，于是，曲信先被"骗"了进来。

70年代初，曲信先成了市工人文化宫小戏创作班的老师。他的学生分布在全市的工厂，一下班他们就啃着面包赶到文化宫，他们学习中的刻苦程度深深感动了他，也使他愿意把自己的所有专长都传授给这样的学生。在创作班的长期教学过程中，曲信先形成了一套完整的戏剧教学

---

① 《春华秋实》，上海市工人文化宫编，2000年9月内部发行，第31页。

体系，其中有一个重要的舞台实践教学环节，这是只有在市工人文化宫才能实现的。创作班写出来的戏马上就可以由表演班的学生在文化宫的剧场演出，发现不足就及时修改。这样培养出来的剧作者不仅懂创作，还懂表演，懂舞台，演出前还能帮忙安排布景。难怪上海市工人文化宫成了上海工人剧作家的诞生地。后来，上海戏剧学院和上海青年话剧团都曾想把曲信先调过去，但是曲信先已经离不开他的这些学生了。最后，他在市工人文化宫退休，他把自己的一生献给了上海的工人戏剧事业。

80年代中后期，市工人文化宫也积极加入到电视传媒大发展的潮流之中，上海市总工会电视制作中心应运而生，有一批影视剧作家脱颖而出，他们是贾鸿源、贺国甫、汪天云、史美俊、陈心豪等人。他们的剧作在题材上有了更大的拓展，不仅写现实题材，也写革命历史题材，但是他们仍然坚持反映工业建设，塑造工人形象、直面社会现实的创作特点。

上海市工人文化宫还有自己的文学刊物。1958年3月，《工人习作》在上海市工人文化宫创刊，这是由时任上海市总工会主席的钟民同志倡议发行的一份内部刊物，1998年更名为《主人》。这份刊物坚持了数十年，期间也曾遭遇经费不足等各种困难。但是，市总工会、市工人文化宫和刊物编辑部始终怀着对工人文学创作的极大热情和崇高的使命感，把这一块工人创作的园地耕种下去，使普通工人的作品有一个发表的地方，使工人的文学创作活动薪火相传，代代延续。2009年，上海市工人文化宫又有了大手笔。曲信先、贺国甫、贾鸿源的作家工作室挂牌了，与此同时，第一批上海职工文学创作基地也宣告成立。第一批基地包括宝钢、电力、电信、金融、机场5个行业和沪东工人文化宫共6家。我们可以相信，在上海市总工会和市工人文化宫的大力扶持和精心组织下，上海的职工文学创作一定会结出丰硕的成果。

如果说，“十七年”时期特殊的政治氛围、工业建设大跃进的形势和

《主人》杂志的封面

良好的文学培养机制共同构成了上海工人文学创作大发展的外因，那么，从工人作者到优秀工人作者、再进一步成长为工人作家，就主要靠的是个人的天赋和努力。这一条毫无例外地存在于每一个工人作家的身上。热心辅导工人作者的上海前辈作家魏金枝在总结工人作家成长经历时曾披露他们起步阶段的情况："他们在写作上会遇到许多困难。生字太多，语法不熟，首先就拦住了他们的去路；至于怎样写，怎样才能写得生动，那就更加摸不着边际了。虽然他们还是写了，写个三四百字的短短的通讯，只写一个人，或者写一件事。虽然文稿上还有好些错别字，甚至连字音也写不出，只好留着空白，让编辑先生代为填上。发表时自然还是经过编辑的修改润饰的，然而他们自己却读得津津有味，因为他们是把自己从现实生活中带来的体会、心情和想象，一塌括子糅合在短短的篇幅中来诵读的。此外，自然还把自己或自己的伙伴居然能够写出文章这种喜悦糅合在一起来诵读的。”①

在开始文学创作之前，他们的文化基础相差不多，都只是小学三四年级水平。建国后参加文化学习班，从反映真人真事的小通讯、小故事开始起步，中间经过文学期刊、或电台、或上海市工人文化宫的培训、辅导，后来成了小说家、诗人或剧作家。然而，他们的生活经历、艺术禀赋和个人努力却又是各不相同的。用陆俊超的话说，就是“一批工人作者因生活经历的素养各不相同，其作品的内容也各有异，惟一相同的特色是作品的原创性”。

胡万春在“刻苦”这个方面是比较典型的。解放前，他的家里很贫穷，母亲给别人家做老妈子。他只是在耶稣堂里免费念了两年多《马太福音》，一天到晚唱着“哈里哈里哈里罗耶”，也没学到什么东西。所以对学问、对书本非常迷信，总觉得学问很深奥，是很了不起的东西。据胡万春回忆：“我拿得动一百多斤重的钢锭，但是却拿不动四两重的钢笔。解放以后，在共产党的培养教育下，我也拿起笔杆来了。1951年，有一天我在陕西北路的一个旧书摊上，看到了两本破旧的书，这就是高尔基的《童年》和《人间》。我翻了一下，立刻就喜欢上了它们，买了下来。每当我工作完毕，我就一只袋里放一本字典，另一只袋里放一本高尔基的作品，随时翻字典，随时读作品。尽管在这种困难下阅读，但是我还是深深地被高尔基的作品吸引住了。”在建国初期，许多人都像胡万春那样，是从前苏联文学中汲取思想和文学的营养的。以后，胡万春又看了安东诺夫、纳吉宾、波列伏依、萧洛霍夫以及爱伦堡、托尔斯泰等人的作品，使自己的文学想象力得到了极大的启发。正如胡万春所说：“当我读完《童

① 魏金枝《我为我们的工人作者祝福》，《上海文学》1962年第5期。

年》，开始读《人间》时，不知怎么的，我的脑子里像电影似的映出了我童年时代的情景。我想：高尔基念过很少的书，能将自己惨痛的童年生活写出来，告诉别人，这该多么好呀！就是这样，高尔基的作品不仅教育了我，提高了我的阶级觉悟，而且还启发了我对文学发生兴趣，并从而去认识生活、理解生活。"①

然而，真正拿起笔来写作依然是困难重重。胡万春回忆道："在党的培养下，我当了工农通讯员。我写第一篇稿子是用嘴巴讲，记者帮助记下来的。结果稿子登出来用我的名字。虽然不是我写的，我开心煞了！厂里边一起工作的老师傅讲：'喔哟，小胡呀，你作秀才了！'我讲：'断命秀才！'不过心里是交关开心。后来我想，我总勿能专门用嘴巴讲呀！因此我就自己拿起笔来写了。我开始自己写以后，写了第一次退稿，第二次退稿，退了'交交关'。有一次登出来，但是只有30多个字，而且是什么综合报道，下面通讯员名字十多个放在一起。不过我当时劲道蛮足，每天写一篇。我每天写稿每天退稿，明信片一来，心里冷了。这样退了200篇！我想同志们试试看，心也要冷吧！是要冷一阵、热一阵的。但是通过写稿，我文化也提高了。第一篇200字的稿子，不要讲别字，字就勿像字，所以有的老师傅讲：'侬写出来的字像蟹爬一样！'写了200多篇稿子后，我的字也写端正了，文化也提高了。"

在写这200多篇废稿的过程中，胡万春的思想也是有反复的。他说："我们在生产上要打破迷信，解放思想，写作同样要打破迷信，解放思想。有时，我们明知迷信不对，但是笔一拿起来之后，迷信思想就来了。特别是开头写的时候，稿纸扯掉了一张又一张，'好了，算了，这椿事体勿是我做的！'迷信思想就打不破了。""我有很多作品写的时候开头

① 胡万春《永远向苏联文学学习》，《萌芽》1957年第21期。

都是有困难，但都坚持下来了。”到了1952年，他的胆子就大了，也不那么迷信了，就写出了3 000字的特写《修好轧钢车》，在《文汇报》的副刊上登出来了。“我就是从写真人真事开始的。”①

费礼文走上文学创作道路，也经历了一段从“不敢”到“敢”的过程。1953年，市总工会与作协合作，委托《劳动报》和电台举办文学创作学习班。费礼文作为旁听生参加，在听课过程中写了第一篇小说《老兄弟俩》，投到了《文艺月报》。编辑部看了稿子后认为需要修改，就请费礼文到编辑部商谈。费礼文兴冲冲赶到巨鹿路的上海作协大院，一进门，先看到一座希腊神话中美少女普绪赫的塑像，吓了一大跳。这说明他当时对文艺基本上还是门外汉。在编辑的帮助下，他的文学处女作还是发表了，这给他带来了很大的信心。在接触文学以后，费礼文认真地阅读了中国作家鲁迅、巴金、茅盾和老舍的作品，以及外国作家高尔基和梅里美的作品，从中受到很大的启发。他认识到生活的矛盾和情节的起伏对小说十分重要。所以以后在写小说的时候总是再三思考、斟酌，怎样才能把故事写得引人入胜。1954年，他所在的小组评上了市工业先进小组。在热火朝天的生产劳动中，费礼文好像一下子眼睛又亮了起来，他发现了很多自己非写不可的人物和题材。在这段时间里，他陆续创作、发表了《抢红旗》、《决不让计划落空》等好几篇比较成功的作品。编辑们也说他的进步非常大。

费礼文在并不平坦的写作道路上，不断地学习、提高、倒退，又学习、提高，一步步地走向成熟。不仅是写作技巧变得成熟，政治思想水平也有所提高，生活态度也更端正了。在“文革”时期，有很多人被“工人阶级”这顶政治高帽子冲昏了头，脑子发热，热衷于夺权。可是费礼文却

① 胡万春《我是怎样学习写作的》,《萌芽》1958年第12期。

头脑冷静，不为所动，主动要求回到工厂参加劳动。他意识到，一个工人作者，不管发生了什么事都决不能脱离工厂、脱离群众生活。这才是万变不离其宗的道理。

应该说，比起其他几位工人作者，唐克新的起点是比较高的。因为虽然他受的教育也并不多，但是却大量接触民间文学，还是有一定的艺术素养和艺术积累的。可是，唐克新心里很清楚，光有过去的一点东西、光有旺盛的创作力是不够的。一定要努力学习、努力提高。1952年他也参加了电台的工人创作学习班，每周都赶去听课。文艺组的编辑陈樹和王友枚经常组织大家讨论、分析作品，他也勤动脑筋，细心揣摩别人的东西和自己的东西各有什么优劣之处。他总结出一条经验，就是一定要深入生活，发现生活中本质的东西，并且要写自己熟悉的、理解的生活。所以他写得比较多的、比较好的人物基本上是女性，因为他是在纺织厂工作，经常接触女工，他了解她们的生活和心情。《萌芽》的编辑欧阳文彬在《文艺报》撰文评介唐克新时，说他在写作过程中肯动脑筋，越来越重视探索工人劳动热情的由来，又注重对人物身上本质力量的发掘。他创作的速度不算快，把很多时间都花在了提炼思想上，一定要等思想明确了才动笔，《种子》就是这样创作出来的。①

1962年，唐克新写了《沙桂英》。编辑部对这篇小说产生了不同的看法。按照当时"左"的观念，这篇作品有歌颂"中间人物"的倾向。辅导这篇小说的魏金枝为此专门写了一篇《为〈沙桂英〉辩护》的文章，指出："我们有些同志总是从主观出发，希望在工作中不出现精神状态低下的人物，只希望出现英雄，而且是完整的英雄。这种心意固然是好的，但也确实违反了客观现实的规律。"② 更主要的是，唐克新本人坚持认

---

① 欧阳文彬《跨上一个新的台阶—谈唐克新的短篇小说》，《文艺报》1962年第4期。
② 《文艺报》1962年第7期。

为，文艺创作应该遵循艺术的规律，不能把原来真实的东西改成虚伪的东西。因此，后来人们终于看到了一篇有感染力的《沙桂英》。

陆俊超天性比较聪敏，生活经历也比较特别。他从小跟随叔父在印尼、马来西亚和新加坡侨居。他的叔父是个教师，有一些藏书。因此陆俊超虽然上学的时间不很多，但是却在童年时代就阅读了大量书籍，特别爱读张天翼、严文井的童话。稍微长大一点以后，又喜欢看鲁迅的作品。成年以后，可能由于在远洋船上讨生活的缘故，他对欧美文学读得比较多，而且喜欢把欧美文学、欧美生活同中国文学、中国生活作比较，是一个勤于探索的人。早在17岁那年，他就上船当水手，接触许多不同国籍和民族的海员，经历过漫长的航程，到过各式各样的岸边和码头，听到过许许多多的故事。所有这些都使陆俊超有了相当丰厚的生活素材。但是，在解放以前，他的心里只有对帝国主义和殖民地的强烈愤怒和对一群群被奴役、受欺凌的海员的同情。过好每一天的日子已属不易，哪里谈得上文学创作。

新中国的诞生使中国的海员扬眉吐气，使中国真正有了自己的远洋事业。正是这种完全崭新的生活刺激了陆俊超的创作欲，使他走上业余文学创作的道路。他清楚地知道，自己虽然有丰富的生活经历，但是要把它们变成精彩好看的文学作品，是要花一番艰苦努力的。他在仔细阅读欧美海洋沿岸国家作家所描写的海洋生活的作品后，得出这样的体会："不但要把海洋写得生动，更要写出人物的精神，人的精神才是文学的灵魂。海明威的《老人与海》写了一个真正的男子汉，写出了一个老人的价值，这是当代文学最动人的篇章之一。我还发现，欧美民族很早就有开拓海外市场的意识，民族性格比较开放，所以海员的生活也比较丰富多彩。而中国人少有开拓意识，长期闭关锁国，民族性格也就比较收敛。但是中国海员的反抗精神却是出了名的，这一点对于文学创作是有利条件。我一定要写好这样的题材。”我们欣喜地看到，陆俊超创作出来的作品确实做到了这一点。他所描写的中国海员们色彩斑斓、惊心动魄的反抗斗争，在中国当代文学史上具有独特的题材特点。

陆俊超的创作态度非常严谨，他说：“我自信每篇稿件都经过了长期酝酿，深深打动自己才动笔。完稿后至少朗读修改数遍，定稿后还将其搁置一段时间，我称之为冷处理。最后以一个旁观者的心态再朗读一遍，若它仍能感动自己才将其寄出。我的主要职责是当船长，创作是业余爱好，我缺乏发表欲，追求的是质量，强调以勤补拙。”陆俊超后来当了大副、船长，仍然继续着他的业余海洋文学的创作。他回忆说：“掌握远洋轮的方向盘是来不得半点疏忽的，尤其是在远离陆地的大海之中，天气异常恶劣之时。即使在风平浪静的日子里，也还有另一种寂寞在等待着人们。看来看去这几个人，讲话炒冷饭，翻来复去这么几句话。穷极无聊，只好打牌或者恶作剧。从这个角度看，船员的世界又是太窄小的世界。然而，文学却要讲幻想、讲浪漫的。这需要人的化腐朽为神奇的本事。几十个人，小小的天地朝夕相处，在漫长的半年一年的航程中，把家里包括祖上的事都讲遍了。了解一个人没有比船上更有利的，你不要他讲，他也要找你谈。船上的人各式各样，都看透了，闭上眼睛或写的时候，这些人物一个个跳了出来。”[①] 好一个把人物看透！他能在寂寞无聊之中把人物看透，到了岸上进行写作的时候才能笔下生风啊。陆俊超的成功，有一半来自于自己的聪明和刻苦。

① 笔者对陆俊超的采访录。

一

爱画画儿的钢铁工人王刚

在建国以后的30年间，如果要问什么样的职业最吃香，那么工人作家胡万春会用他的小说告诉你：钢铁工人。请看他在短篇小说《工人》中，这样描写一个刚从学校毕业跨进工厂的“青工”在公交车上受到的礼遇：

通过全民炼钢运动，人们对于炼钢工人是相当敬仰的，因此车上的乘客都很注意他，有好几个人的眼光都集中在他的身上。看来他已经不止一次穿着工作服上班了。现在当他意识到大家都在看他，似乎有点卖弄的样子，一会儿把上衣的袖子卷起来，一会儿又把帽子拿下来掸了掸又戴上。

这使人们回忆起当年，炼钢厂是多么令人向往的单位啊，印着“第X钢铁厂”字样的工作服简直成了青年人的时髦服装。有些人“省穿简

* 改革开放前钢铁题材的宣传画

用”地对待工作服，居然把积攒下来的新的一套当做“出客”时的“礼服”。难怪小说里这个名叫阿兴的青工在填表格“成分”一栏时，特别工整地填上“工人”，而且还流露出“兴奋的、满意的表情”，“当了工人，就像当了什么将军似的。”

在《一个女炼钢工人》里，胡万春写了一个外号叫“四百斤”的姑娘王玉含。她15岁初中毕业就考上了重庆钢校，后来被分配到上钢三厂坐办公室。看来她的发展方向是当一个技术员。但王玉含却暗暗抱定决心，一定要当个炉前工。为了成为一名真正的炉前工，她苦练身体、苦练技术。有一次，她竟然扛起了四百市斤重的合金块，于是“四百斤”的外号就不胫而走了。这个外号可不像今天那么的令人恐怖，相反，却是令人崇敬，因为有这个外号的姑娘肯定是个响当当的“铁姑娘”，是个受人尊敬的姑娘。后来，这个王玉含果真成了优秀工人，还担任了副炉长的职务。

胡万春的钢铁工业题材小说为人们展示了“十七年”时期新的职业价值观：工人光荣、工人可贵，工人成了最吃香的职业，而社会地位最高的，就要数钢铁工人。

胡万春不仅写出了“工人光荣”这一社会现象，还写出了这一现象背后的深层次原因，那就是共产党政府消灭了工人失业的现象，使工人阶级成为社会主义建设不可缺少的主力军。《权利》就真实地描写了建国初期上海出现的工厂劳动力紧缺的情况。小说写了一个钢铁厂的劳动组织员王阿炳，为了弥补劳动力的不足到处去寻找失业工人，从而发生了一些可笑而又可喜的故事。这个王阿炳已经是一个54岁的老工人了，他的文化很低，对形势的变化不太敏感。他先是到厂劳资科要人，人家回答他没有富余的工人劳动力。然后他又到各兄弟车间去借人，人家还是回答他没有。他不服气地又来到市劳动局，却被对方奚落道：“你怎么这么糊涂，现在全中国也没有够条件的失业工人了，我们怎么还会有呢？我看哪，你的脑袋瓜子有点生锈啦。”于是当年在巴尔的摩港口被船主非法辞退的事情就情不自禁地涌上了王阿炳的心头。现在他走在黄浦江畔，就感觉到“黄浦江显得更美丽了”。想起自己刚才在劳动局受到的批评，他觉得，“在自己的一辈子中，还从来没有受到过这么痛快、这么舒服的批评哩！”这真是人逢喜事精神爽啊！爽的就是新中国消灭了剥削、消灭了失业，工人成了工厂的主人、建设的主人、生活的主人，所以工人自尊又自爱，全社会也都把工人当成最吃香的职业，把工人当成最光荣的人。

在50年代和60年代上海的工人文学创作中，钢铁工业题材和钢铁工人形象占有绝对优势，而胡万春也当之无愧地成为描写钢铁工人的“圣手”。胡万春，1929年1月7日生于上海一个工人家庭。建国以后，在共产党的培养教育下，他才真正开始学文化，而且还捏起了笔杆。1951年胡万春开始给报纸写短小的通讯，并试探着写一些特写和小说。1952年发表了第一篇小说《修好轧钢车》，发表在《文汇报》的副刊上。1955年，他的自传体小说《骨肉》获得1957年世界青年联欢节举办的国际文艺竞赛“世界优秀短篇小说”奖，并被翻译成多种语言在国外发行。他还出版了短篇小说集《青春》、《爱情的开始》、《谁是奇迹的创造者》、《红光普照大地》、《特殊性格的人》，以及话剧剧本《激流勇进》、电视剧本《钢铁世家》。1964年他来到越南抗美战争前线，回国后创作了中篇小说《铁拳》，获越南政府奖。他的作品被选进多种文学选本和语文教科书。从50年代到80年代，他都一直笔耕不辍。

说到胡万春的小说，写得最好、最能代表他的成就的就是中篇小说《特殊性格的人》。这篇小说发表于50年代，王刚是小说中的主人公，也是胡万春笔下形象最丰满、性格最鲜明的一个钢铁工人形象。王刚是这样出场的：

> 那是在一个星期日的下午，码头上不像平常那么喧闹。太阳就像是一只火盆子似的，晒得人的皮肤隐隐作痛。我路过四号码头旁边，在老远，我就看见一个赤膊的彪形大汉，正坐在钢厂码头边的大木桩上作画。也许是由于好奇心，我就走到这位“画家”跟前来。走近以后，我就发觉他的身体是多么强壮呀！我以为，只有举重运动员才会有那么结实的身体。他光着上身，有着宽大而滚圆的肩膀，熊似的背脊，粗腰身上围着一条杠棒工人通常用的蓝布垫肩。我看见他那棕色的皮肤好像被烈日晒得冒油了。奇怪的是，这位“画家”一点也没有感觉到太阳灼人，一门心思地，一手拿着调色板，一手拿着画笔，在一幅很大的画纸上画着水彩画。他的注意力那么集中，似乎全身心都沉浸在他的作品中了。我站在他的背后，他连头也没有回过来，趁这机会，我欣赏了他的作品。啊！他画得多么好呀！他不仅画出了黄浦江畔繁忙而喧闹的场面，同时也画出了黄浦江上优美的景色，特别是江水中的吊车的倒影，颜色配得真好，又逼真又有诗意……
>
> 我注意到他的两肩上面，有两块像馒头似的隆起来的肌肉，很明显，这是码头工人或杠棒工人所特有的劳动标记。从这个标记上，我估计，这个人至少已做过20年以上的工了。两块像馒头似的肌肉，和一幅优美的水彩画，始终放不到一起。真的，我有些模糊了。

他就是有着20多年工龄，后来被提拔为钢铁厂供销科长的王刚。这种既有粗犷外形、又有细腻艺术细胞的工人形象在文学作品里是非常罕见的。他办事干脆，有魄力，虽然语言不那么文雅，老是把“操蛋的”挂在嘴上，可是办起事来相当有办法。有一次，厂里的路基坍了，渣包运不出，炼钢车间面临着停产的困境。他就一边指挥运料车绕道走，一边指挥抢修运输线。在他的合理指挥下，运输线很快修通。又有一次，矽铁的供应出现了问题，车间里眼看就要“断粮”，也是王刚拍胸脯担保说明天就能搞定。别人不相信，说：“这是贵重的合金，又不是生铁。”王刚却拉起了大嗓门呵呵地笑着说：“你当我洋盘呀！”果真不到三天，他就从哈尔滨用飞机运来了三百箱矽铁。

这个粗中有细的王刚还是个做群众工作的能手。在一个大冬天，三号码头正在修桩头，厂里从外面雇来一批临时工。天实在太冷（哪像现在年年暖冬，下雪成了稀奇的事），大家都不愿下水去工作，只是坐在岸边烤火。你们猜，王刚会想出什么法子呢？他呀，看见这番情景一句话也不说，叫人去打了两斤白酒和一大包猪头肉，然后就和大家一起烤火。他把猪头肉放在中间，又给每个人倒上酒，哈哈地笑着说：“来！来！大家干一杯！”他一边喝酒一边大谈社会主义、共产主义。谈到后来，他就把衣服一脱，扑通一声跳到水里修起桩头来了。他在水里向岸上的人招手说：“吃了酒一点也不冷了，为了社会主义可不能光喝酒不干活呀！”大家这才恍然大悟，搞了半天，请客喝酒还是为了工作呀！于是大家也无话可说，扑通扑通全都跳下水去。他的刚中带柔的“合金钢”性格初步显露出来了。

王刚的“超人”本事更体现在一件棘手的任务上。接触过炼钢的人都知道，如果把炼钢车间比喻成心脏，那么，材料运输线就好比是血液。可是，快到年底的时候，厂里的小型轨道却因繁重的运输量而不堪重负以至完全毁坏，大批砟包积压在车间运不出来，生产陷于瘫痪，年度生产指标眼看就要“泡汤”。全厂上下无不忧心忡忡。方厂长提出能不能用四天的时间完成抢修轨道、加固路基，并把小型轨道改成中型轨道，彻底解决运输的老大难问题的要求。对于这个“烫手的山芋”，有经验的人谁也不会接，可是王刚却一把接了过去。

到底王刚有什么样的灵丹妙药呢？原来，他有两个制胜的法宝，一是对劳动力的精确掌控，二是对抢修力量的合理调配。前段时间，厂里有24个修轨道的工人被借到了兄弟钢厂，别人几乎已经忘了这回事，王刚却马上想到了。他立刻联系兄弟钢厂，把这24个工人暂时调回来支援，然后又把来厂锻炼的大学生233人组织起来参加一般的抢修突击。王刚会用人，更懂得爱护人。为了让这些人精力充沛地投入抢修，他硬逼着大家先好好地休息一整天。为了能让有着严重本位思想的运输科长同意借用三个机车头驳运砟包，完成似乎是属于供销科的工作，王刚想了个明修栈道，暗度陈仓的战术。他先悄悄地让一部分人利用突击前的空隙时间帮助运输科运了一千多吨生铁，解了他们的燃眉之急。等到向运输科长开口借三个机车头时才告诉他，他想要运的生铁已经帮他运好了。这么一来，运输科长哪里还有不同意的理由呢？这正是既完成了任务，又让思想有问题的运输科长受到了教育。难怪厂里的工人替他起了一个外号，叫"合金钢"，就是比喻他的脾气像合金钢似的，既有软性的铝，又有硬性的钢。

钢是从炼钢炉里炼出来的，人是从生活中磨练出来的。正是那种传奇的经历造就了王刚特殊的性格。王刚在10岁的时候，就帮着他的父亲打铁了。他的父亲虽然是个性格火爆的老铁匠，但也看出王刚从小就喜欢绘画，什么花花草草和房子，他都能画。邻居们也都说，这个孩子挺聪明，将来准能成个画家。于是父亲就省下几个拼命的钱，让王刚读了三年的书。仅仅三年，读书的好运就结束了，王刚不得不小小年纪就闯荡社会。他做过脚夫，当过洗衣工、搬运工和锯木工。他也像他的父亲一样脾气暴躁，不善于奉承，讨厌一切不地道的事情。所以他在哪儿也做不长，常常只干了一年就和雇主闹翻，卷起铺盖走人了。1945年，26岁的王刚流浪到了北京，他在颐和园做了一阵子园丁，画了好多的画，画技大有长进。他说:“我这一辈子,一定要画世界上最美的东西。”但是没过几天,他又和园主闹僵。为了自己那不争气的肚子,他就只好跑起了单帮……是新中国的成立使他能够随心所欲地画出最新最美的图画,是共产党的领导让他的聪明才智最大限度地发挥。

1963年年底,胡万春发表了中篇小说《王刚传》,这是《特殊性格的人》的扩充,增加了《内部问题》这一部分,体现了作者对这个人物认识的深化。《内部问题》里的王刚已经不是供销科长和运输主任了,他升任了副厂长,工作中面对的矛盾和困难也更多、更复杂。作者把新增的这一部分取名为“内部问题”是很恰当的。因为小说虽然是围绕着青年技术员欧阳俊提出的“新字三号”炼钢方案展开情节,但小说实际上只是把这个改革方案当做一个背景,而要揭示的是在新的历史环境下党的干部队伍中出现的一种明哲保身、落后保守的思想。小说要说的是,如果不清除这种思想,技术革新就不能顺利进行,改善炼钢方法、多炼优质钢的奋斗目标也就不能实现。而更为严重的是,这种错误思想如果蔓延开去,就会毁了青年一代,给建设事业带来更大的损失。

小说中这种新式官僚主义的典型就是徐厂长。王刚既要排除干扰、支持新方案试验,又要避免徐厂长的错误决策,更重要的是要指出徐厂长错误思想的根源,帮助他进步。对于这样一个棘手的“内部问题”,王刚最终还是很好地解决了。这就使一个有相当思想深度的、更加丰满的人物形象在我们面前活了起来。

这篇小说所涉及的如何正确处理人民内部、干部队伍内部矛盾的问题,是那个时代的一个尖锐问题。在极“左”思潮的影响下,这个问题一度成为禁区。党的干部只能写成好的,不能写成有重大缺点的。在这样的时代氛围中,胡万春能够大胆触及这个难题,并且对方书记、徐厂长和王刚这三个厂领导不同的思想状况和工作作风作出细致的、有区别性的描写，实在是非常难能可贵的。我们还欣喜地看到，在艺术上，特别是在心理活动的描写和人物语言的设计上，胡万春的艺术功力都有了明显的提高，显得成熟多了，已经从一个业余作者的层次上升到了作家的层次。

小说中的徐厂长其实是新形势下官僚主义的一个典型。这一类干部解放前受过一定的教育，因为追求进步，背叛家庭参加革命，受到过枪林弹雨的考验。但是他们思想深处的封建意识并没有消除。建国后，他们的官本位思想就在暗中作祟，表现为在工作上消极守成，不理解、不支持新生事物，怕出了问题丢掉乌纱帽。如果以前曾经犯过一两次小错误，他们就更容易从反面去吸取教训，学会用许多冠冕堂皇的名词来掩饰自己的保守行为，就会变得更圆滑，更让人不可捉摸。胡万春正是把王刚放在这么一个很难对付的党内“对手”面前，展开了对王刚思想性格的深入刻画。

小说的中心事件是青年技术员欧阳俊提出的“新字三号”改革方案。这个方案要是能早一点试验成功，会给生产带来很大的好处，能节约燃料、延长炉龄、降低成本，还能为冶炼更多的新钢种打下基础。但是，搞试验要冒失败的风险，万一试验失败，就可能影响国家任务的完成，总得有人为此承担责任。面对这样一个难题，王刚与徐厂长有不同的看法。王刚支持这个试验，但认为技术数据还计算得不够准确，所以在会议上表示反对立即进行试验。而徐厂长却“聪明”得多，他表示支持马上进行试验，但又要欧阳俊保证不出问题。他要一个年轻技术员作出保证，而自己却并不去具体帮助他避免出问题，这显然是个滑头而又不负责任的做法。一时间，王刚挨了许多大字报的批评。有的说他是官僚主义，不支持新生事物；有的甚至提出要撤他副厂长的职。欧阳俊也认为自己看错了王刚，倒是感激徐厂长在大庭广众面前支持自己。

然而，光有良好的愿望而没有科学的态度终究是不行的，徐厂长的侥幸心理并不能避免问题的出现。结果，在试验时，平炉还是出了事故。出了事故以后，徐厂长也是在第一时间赶到了现场，但他说的话全都是在推卸责任。他说：“欧阳俊，我是怎么跟你说的？要当心，要注意，决不能出事的……可你，全都忘啦？在厂部的会议上，我一开始就指出了这一点，再三强调，难道你全不当一回事？”然后，他什么措施也没布置就离开了现场。而王刚赶到后，先查看了情况，然后决定立即抢修炉子。当他打电话想请示党委，而党委又正巧没有人时，他就果断地承担了责任：“以后我向党委再汇报，管不了这许多啦。”说完就带领工人们抢修平炉。

小说最有价值的地方显然不是对王刚和徐厂长的不同行为进行描述和评价，而是通过这样一件事充分展示两个工厂的干部截然不同的思想状况。作者花了较多的笔墨写了事故过后王刚对徐厂长的推心置腹、严肃而又中肯的批评，以此展示王刚的“拉人一把”的态度：“老实说，你当初的决定本身就是脱离实际的、错误的；你的那些空洞的防止事故的言语，只不过是为将来留的后路。你想想看，这种不负责任的态度对待革命事业，有什么好处？老徐呀！你应该明白啦。”而徐厂长却带着饱经世故的神态缓缓地说：“当然，目前你有勇气承担试验的责任，比我闯劲大，我很佩服。但是，这个‘但是’很重要……老王呀！意外的事是难免的，万一……万一呢？你想过吗？嗯？”

面对这样的态度，王刚既气愤又痛苦。他十分动情地对徐厂长说：“在民主革命的阶段，尽管我们是抱着不同目的来参加革命的，但总有一股革命热情，这是宝贵的。为什么在社会主义革命阶段，你的个人主义的思想会变得突出了呢？归根到底，你对社会主义革命的思想准备是不足的。当一个人光是想到自己，为自己而活着的时候，他的生命还有什么意义？还有什么光彩？”王刚的一席话确实击中了徐厂长的要害，他不得不感到王刚的话是对的，但他一时又下不了台。在这样的情况下，方书记语重心长地告诉王刚："对于徐厂长，我们还是要爱护他，因为他是我们的同志，我们要恨的，是他那种错误的思想。你应该知道，这是内——部——问——题。"

这是一种卒章显志的写法，表明这篇小说的主题是揭示思想的碰撞。这就比胡万春以前那种只是歌颂工人阶级主人翁献身精神的作品要深刻得多。王刚的思想，自然是社会主义的思想，是在今天看来仍然属于先进的思想；可是徐厂长的思想呢，胡万春在小说里把它说成是"可怕的、像毒蛇样的资产阶级思想"："我们的斗争经验丰富了，资产阶级思想的表现形式也更狡猾了，"这就错了，这正是50年代工人作

胡万春小说《王刚传》的插图

家无法超越的时代局限。徐厂长的思想其实是封建主义思想，是官本位，不是资产阶级思想。他所有的聪明、圆滑、保守或大胆都是为了保住自己的乌纱帽。他曾经说："建立功勋是长期的，犯错误只是一刹那的事……我的白头发，我的年龄不容许我再来几次跌倒了……"这才是徐厂长思想问题的症结。

胡万春之所以把王、徐两人的思想冲突写成是无产阶级和资产阶级思想的冲突，并提出就是要在社会主义阶段同资产阶级思想作坚决的斗争，这完全是受了当时"左"倾思想的影响。一方面看不到封建思想的危害性和顽固性，一方面又夸大资产阶级思想的影响和作用。这在胡万春是难免的，他是身不由己地去这样想、这样写的；然而，值得注意的是，胡万春最后写了方书记指出的，对徐厂长还是应该采取爱护的态度，要指出他的错误，帮助他改进，促使他前进。

胡万春写完这篇小说的时候是1963年年底，距离毛泽东提出"千万不要忘记阶级斗争"已经两年多了，跟后来"文化大革命"要打倒"走资派"也只有两年多时间。在愈演愈烈的"兴无灭资"的政治氛围中，胡万春能在徐厂长这一类人的定性问题上保持清醒的思想认识，是十分难能可贵的。这也体现出了胡万春依然葆有朴素的无产阶级思想感情。胡万春是一位遵循现实主义创作方法的作家，当他用现实主义的眼光去观察生活、反映生活的时候，他所塑造的形象的力量就大于他所要宣扬的思想的力量，这就是现实主义的力量。可悲的是，到了1966年以后，徐厂长这样的人无疑就变成"走资派"了，他们的问题自然也就是"敌我矛盾"了，而胡万春却把他们的问题定为"内部问题"，这显然是一种超前的思想认识，表明了工人阶级的思想与真正的社会主义思想之间的必然的联系。

小说中的方书记虽然并不是一个主要人物，但也是一个重要人物，他是我们党的象征。他虽然并没有和"新字三号"方案以及事故现场发生直接的关系，但他在潜移默化中对王刚的帮助和教育，正是王刚成长和成熟的主要推动力。当方书记知道厂里出现了不少批评王刚的大字报后，他对党委副书记是这样说的："一个群众反映多的干部，在有的情况下，并不说明他是一个坏干部。相反的，那些对党的事业毫不负责，从不得罪人，毫无原则的干部，他们虽然没有群众反映，却也并不说明他是好干部。对于群众意见，我们也要进行具体分析；这里有正确的，也有错误的。"一个工厂就像一个国家一样，如果有了一个英明的掌舵人，那么，任凭风浪再大、困难再多，前进的航船也不会停止。钢铁厂正是因为有了方书记这样的一把手，才显示出王刚的英雄本色，也才能帮助、挽救徐厂长，并最终显示社会主义的力量。这正是所谓千里马常有，伯乐不常有，世有伯乐然后有千里马的道理。可以说，胡万春的确是一个刻苦学习、勤奋实践的人。他在培训班里学理论、学思想，更是在创作过程中融会了理论和思想，而并非机械地去照搬理论的条条框框。他对王刚、方书记和徐厂长三人关系的处理，说明他已经站上了那个时代工人作家所能够站上的最高的思想平台。

胡万春虽然只有小学二三年级的文化水平，不一定真正懂得马克思主义政治经济学，但是他却写出了这样的事实：劳动地位的改变、劳动生产力的解放，带来工人阶级精神面貌的焕然一新。在胡万春所塑造的上海钢铁工人的身上，我们看到了马克思、恩格斯对工人阶级的高度赞扬：高度的组织性纪律性和献身精神以及工人阶级的整体利益观和国家利益观。毫无疑问，胡万春是把他的最充沛的笔墨挥洒在这个主题上。

《钢人鲁佛祥》中的鲁师傅是副机械师，负责检修、维护和改进机器设备。他虽然没有站在轧钢机旁轧钢，但是他辛勤劳动的汗水同样融化在了每一块钢锭中。他知道，机器如果缺少像他这样的"保姆"去关怀和爱护，轧钢工人力量再大，也是连一根钢也轧不出来的。有一次，他犯了关节炎，又受了工伤，住进了医院，可是当他听说工厂里正安装20吨的大飞轮时，他就想方设法地逃离医院来到厂里，解决了飞轮安装上被称为“鸡蛋放进洋瓶口”的技术难题。讲完了这个故事后，胡万春就用十分动情的笔墨揭示了鲁师傅的内心世界：“解放以后，早上上班时，他人还没有到厂里，在老远的地方，他会站着先看一看厂里的烟囱是不是在冒烟。夜里，他睡在床上，梦中也会看到轧钢机。是呀，多少年啦！他把工厂当做了自己的家。”这就是工人阶级的精神世界，一种对工厂的强烈归属感。

《老八吨》写的是铸钢车间主任张海山。他因为亲手浇铸过一件8吨重的大铸件得到了这个美名。如今，为了实现上海年产120万吨钢的任务，他们厂要在3个月里从平地上造起一个中型钢板轧制车间，其中最困难的一件工作就是要在图纸还没有到的情况下浇铸460吨重的大机架。“老八吨”凭着“我是一个共产党员”的坚定信念，带领工人们集思广益。他让总工程师打长途电话记下机架木模的大概尺寸，先做好粗坯，等拿到图纸后再修改木模。最后，依靠着全体工人的顽强拼搏，终于在四天里完成了浇铸任务，简直就是创造了一个奇迹。这个故事显示了工人阶级主人翁精神的崇高和伟大。他们在巨大精神力量的鼓舞下可以作出前人所不敢想、也不能做的许多惊人的创举。

在传统观念里，工人应该是四肢发达头脑简单的人，可是，新生活却使工人群众也变成了爱动脑子的人。为了国家的建设、工厂的生产，工人们打破了机械的分工意识，千方百计开动脑筋大搞技术革新和技术革命，为生产的机械化和先进化作出了巨大的贡献。用《一两力气举千斤》里的主人公阿三师傅的话来说就是：“只要脑筋动一动，四两力气好举千斤重。”这篇小说写得颇为有趣。43岁的、没有多少文化的工人阿三师傅每天下班后就伏在桌子上修理一只老得掉了牙的闹钟，日子久了，这好像已经成了阿三师傅生活的一部分了，人们一碰到他就会问："钟修好了吗？"阿三师傅总是回答："还没有哪！"这就像是人们互相寒暄"早上好"、"你也早上好"一样地自然流畅。可是有一天，这种习惯成自然的状态忽然被打破了。当人们在过道里下意识地向阿三师傅问候道："钟修好了吗？"阿三师傅居然回答："修好了！"这不禁叫大家都惊呆了。原来，他是在进行工业设计，他利用钟的齿轮进行传动原理的摸索，就是要设计出一台清除垃圾的机器，减轻钢铁工人的劳动强度，工人们原来是每周一次钻到轧钢机下面的地弄里去清除氧化铁屑的。看到这里，一个普通而又伟岸的钢铁工人的形象就矗立在读者面前了。

《我们正在走向未来》中的老工人阿德哥是个爱上了学文化的钢铁工人典型，但是，他的转变并非一帆风顺。这位阿德哥是轧钢车间钳工中的一把好手，钳子在他的手里真是玩得得心应手。在车间全部实现机械化和半机械化的革新过程中，阿德哥也是一个积极分子。他曾动情地对老伴说："党和毛主席号召我们大闹技术革命，就是要我们来第二次解放哪！"原来阿德哥的两个手指头在解放前就是被钳子柄扎断的，所以他知道如果实现了机械化和自动化，今后就再也不会有像自己这样的"八指头"了。他和工友们经过一段时间的技术攻关，终于把升降台气泵进钢机试制成功了。就在大家热烈祝贺革新试验成功的时候，党总支书记的一句话却引起了他的震动："我们要请这些钳子进博物馆去了，因为我们今后再也用不着它们了……"笑容一下子从阿德哥的脸上消失了："钳子扔掉了，今后我怎么办呢？"这是作者向所有掌握传统一技之长的老工人提出的一个新问题。

阿德哥是一个思想、生产、技术样样都好的老工人，就只有一个缺点：不爱学文化。他本来已经在扫盲班脱了盲，可是生了一场病，又把文盲帽子戴上了。读来读去，老是读一年级，也就不想再学了。扫盲班的年轻教师李小春偏偏是个模范教师，一直盯住阿德哥，动员他再去扫盲。开始时，阿德哥总是躲着李小春，后来，是党总支书记的话震动了他的心灵。其实阿德哥想的并不是什么个人今后的利益，而是今后怎样劳动、怎样继续为党和社会主义工作。因此，他就从心底里产生了对李小春的愧疚心理，而李小春也趁热打铁动员阿德哥去读老工人速成学校，于是阿德哥就欣喜地答应，也就有了爱学文化的老工人阿德哥了。这篇小说揭示了这样一个道理：生产的机械化和技术化也与工人的利益息息相关，党是不会丢下老工人不管的；而老工人也要努力迎头赶上这个革命浪潮。

《心声》是一篇很特别的短篇小说。这倒不是说小说有多少高明的技巧，而是说这篇小说写出了真实而高尚的人性，是人物身上强大的道德力量深深打动了读者的心灵。如果小说中的人物果真能够成为我们现实生活中的楷模，大家都像他那样生活和工作，那么，中国人民就可以在较低的物质水平条件下享受到有较高幸福度的生活了。从这个角度讲，小说实在是颇有思想意义的。《心声》的主人公是一个叫马阿土的钳工，他不会唱歌，不会演淮剧，也不会踢足球，真是够土的一个人，却是厂歌咏组、淮剧组和足球队里不可缺少的成员。淮剧演出时他担当“道具”，文艺演出时他是“杂役”，足球比赛时他又成了“场地总管”和“啦啦队员”。就是在工作中他也永远是“下手”，似乎总是被人“呼来唤去”的，甚至被人贬为“茶房坯子”。但是他从不介意自己干的是“卑微”的工作，别人又是怎样地使唤自己。他说：“一个人的能力是有大有小的，这是没有法子的事，不过我可以尽力为大家多做一些能够做到的事。”这样一位渺小而又伟大的普通工人，虽然有个别人对他不屑一顾，但是却得到工会领导的高度评价，还获得了厂里“淮剧明星”金素贞的爱慕。马阿土的形象告诉我们，高尚的社会产生高尚的人性，高尚的榜样又推动社会更加文明和谐。

胡万春17岁就进钢铁厂当了工人，他熟悉炼钢过程，了解并热爱钢铁工人。他把最多的心血放在了钢铁工业这个题材上，直到他生命的最后几年，他也仍然孜孜不倦地关注着钢铁建设。但是，毋庸讳言，胡万春再怎么纯朴，他也无法完全摆脱时代的制约，况且，他的创作动机原本是出于感恩。受到50、60年代整个社会对知识分子不公正评价的影响，胡万春也在一些小说中把技术人员或技术管理干部设计成技术革新、技术革命的对立面，造成人物模式的概念化。比如《发生在钢铁厂的事》写一对父子在生产上有了不同的看法，儿子是技术员，思想保守，缺少文化的父亲思想倒是挺先进。于是父亲给儿子贴大字报，称儿子是“牛步化技术员”，形容儿子的思想就像是老牛走路慢慢腾腾，跟不上形势。这种人物关系的处理就违背了生活的真实，“牛步化技术员”也带有贬低知识分子的意味。《一个女炼钢工人》里面的王玉含从钢校毕业应该是进厂当技术员的，可王玉含偏偏不当技术员，一定要当炉前工人。作者也在不自觉中流露了轻视技术人员的思想。这种把工厂中的技术人员与工人看成是不一样的人的观念，恐怕并不是真正的工人阶级意识。

受日益强化的“浮夸风”影响，胡万春的有些作品一味赞美艰苦的劳动，把艰苦的劳动万能化。在赞美工人的劳动热情时，也会不适当地表扬某些蛮干的做法，有些描写甚至明显违背了科学精神。从《在具有世界意义的时候》这篇小说里，胡万春为了表达“时代不同了，男女都一样”的新思想，让女主人公崔爱娣对她的婆婆说：“妈，你总是长男人的志气，灭女人的威风。男人和女人都是肉做的，有啥两样？男人行，女人照样行，各人头上一片天，有啥两样？”这样的话连小学生都难以相信，在小说中却说服了一个年长的母亲。

还有一点就是对工人阶级的生活理解得不全面、对工人阶级的思想理解得不深刻，当然这也是许多工人作者的通病。比较有代表性的就是对所谓“接班”主题的概念化描写。《家庭问题》里的福民从技校毕业分配进厂当技术员，也是组织的安排，可是福民父亲却逼着福民先当工人。本来，儿子毕业要参加工作，儿子干什么样的工作应该由儿子自己决定或由领导安排，由父亲来包办显然是不民主的。作者硬生生地把这个问题政治化了。老工人杜师傅的想法很固执：儿子福民一定得去车间当工人，否则他就会演变成资产阶级的大少爷和小开，不能成为无产阶级的接班人。这就不仅仅是担忧儿子，而且是担忧工厂这个环境是不是一个资产阶级大染缸。似乎工厂既是一个熔炉又是一个染缸。青年人如果当了工人，工厂就是一个熔炉；如果不当工人，工厂就是一个染缸。这种不能自圆其说的逻辑大大降低了小说的思想价值。

胡万春笔下的老工人生在旧社会，曾经饱尝资本家的剥削和生活的艰辛，因此，他们有着与生俱来的朴素的阶级感情、强烈的翻身感和主人公意识。他们成为社会主义工业建设的主力军是毫不足怪的。然而，他们的后代，在新社会长大的一代人，会变成什么样的人，是否能接好老一辈的班，把社会主义事业进行到底，这是胡万春的忧虑，也是整个工人阶级的忧虑。人们普遍担心，没有遭受过旧社会苦难的年轻人更容易受资产阶级思想的腐蚀，追求名利、贪图享受。于是，帮助青年人走上正确的生活道路，把他们培养成像老一辈一样的工人，就变成了整个工人阶级除了完成生产任务之外的另一个更为艰巨的任务。如何完成这个更艰巨、更有意义的任务呢？这是一个自身存在着谬误的命题，这个命题的解答就是，艰苦劳动的锻炼是避免青年人资产阶级化的良方一剂。然而，工人阶级的使命之一是要推动技术进步甚至是技术革命，把工人从繁重的体力劳动中解放出来。艰苦的劳动正是工人们技术革新的对象。

年轻的知识工人率先摆脱艰苦的体力劳动应该是好事情才符合逻辑。因此，“接班”的命题就存在严重的自相矛盾，它是作者受到“阶级斗争”思想的影响在文学上的自觉或不自觉的表现，是令人遗憾的一种表现。

丢开自己所熟悉的生活而去图解某种概念，注定是不讨好的，这应该是一个规律。一方面他要描写工人群众如何为了多快好省地建设社会主义而大搞技术革新、技术革命，轰轰烈烈地开展了技术大比武和生产竞赛；另一方面他又描写如果一个青年学生想当技术员而不想当工人就不是一个好青年，就不能接好革命的班。他只知道实践出真知，不知道这是指的人类认识活动的根本规律。书本知识也是人类从实践中获取的有用知识，脑力劳动也是伟大的劳动。体力劳动和脑力劳动各自对人类进步发挥不可替代的巨大作用。“好逸恶劳”其实正是推动技术革新的深层次心理动力。否则，《一两力气举千斤》中的阿三师傅为什么要天天晚上都拆来拆去摆弄一只老掉牙的旧闹钟呢？不就是要设计一种出清垃圾的机器来降低工人的劳动强度吗？由于胡万春主要是凭着朴素的阶级感情来描写工人、描写生活的，所以当他把握歌颂性的主题时，就显得笔力雄健，而当他试图解说思想斗争式的“接班”这样的“发展”命题时，他就显得力不从心。当然，在那个时代，又有几个人在深入思考党的领导集体该如何接班，真正的社会主义该如何实现这种重大问题呢？

因此，胡万春惟一一篇获得国际奖项的小说是儿童文学作品《骨肉》，不属于工人文学。如果对比一下苏联文学，我们就可以清晰地看到中国工人文学的局限性：工人形象平面化、工人生活简单化、工人思想概念化。苏联作家柯切托夫的《茹尔宾的一家》，反映的是造船工人的生活。作者既写他们的生产劳动，也写他们的家庭生活；既写他们的现状，也写他们的过去；既写他们的成功和欢乐，也写他们的苦恼和失败，主要人物个个都有丰富的情感和鲜明的个性。比如说工人阶级之间的人物关系就被处理得相当复杂。茹尔宾家族是个大家族，人口众多，三代同堂。大孙子维克多是个木模工，虽然得了斯大林三等奖，可是却缺少对女性的吸引力，妻子丽达与他分居多时，还离家出走。另一个孙子阿列克塞是著名的斯达汉诺夫式工作者，性情却不够稳重，他看重的女友卡佳背叛了他，和一个伪君子结了婚，后来又被抛弃。在生活中逐渐成熟的阿列克塞后来原谅了卡佳，两人终于结婚，过上幸福的生活。这篇小说还有精彩的吵架式的对话和细腻的心理描写，阅读性很强。这些优点都是上海的工人文学所不具备的。

改革开放后，他把描写的重心从工人转移到技术人员，这不仅体现了胡万春对钢铁建设的理解的深化，也从一个侧面体现出改革开放对国人的思想解放和国家现代化的重要意义。知识分子是工人阶级的一部分，这是我们用30年的时间和一系列的挫折换来的思想进步啊。

《寂寞中的安慰》发表于1980年，小说的主人公沈为民是个交通大学毕业的高材生，轧钢机械设计专家。“文革”期间，他因为有海外关系，说过一些对时局不满的话，骂过张春桥，就被打成了反革命，被迫和女儿一刀两断，一个人寂寞地生活。为了回味天伦之乐，他只能靠一台弟弟从境外带来的录音机，悄悄地播放兄弟团聚时的录音，用这样独特的精神安慰法独自与寂寞作战，坚持科学研究。他坚信我们的国家需要科学，他坚信自己能为钢铁工业作出贡献。他的数年努力没有白费，粉碎“四人帮”后，他在政治上获得新生，他设计的高速45度线材轧机实验成功，使我国在这一领域的技术达到了国际先进水平。

1982年，胡万春发表了《烘云托月》。主人公王双喜是个擅长把小事情干好的小组长。为了让一个科研人员朱兆千得到重用，他想出了一个妙招。他利用接待外宾的机会，用外国人赞扬中国技术人员的话作为心理武器，去影响那些有洋奴思想的领导，迫使领导起用朱兆千，也使朱兆千的连续式钢板薄板飞剪的设计得到采纳。这是一篇具有歌颂和讽刺双重主题的小说，也是胡万春创作上的一个突破。可惜这位最有才华的工人作家不满60岁就因病去世，否则，我想，改革开放的新时代一定会给他带来一片文学创作的新天地。

在胡万春这样的文学领军人物的带动下，上海工人文学创作中的钢铁题材一直是受欢迎的，很多作家写炼钢，写钢铁工人，进入新时期以后也是如此。工人诗人邹国平的《炼——钢厂抒情》不仅是写炼钢，也是写人的思想的淬炼，写出了工人阶级经过痛苦的反思，迎接中国钢铁建设现代化的腾飞。

一切都准备好了吗？
就这样——
加温升火！
为了这一炉钢水，
经历四分之一世纪的折磨，
来！向冷冰冰的胸膛里，
甩一把生命的烈火！

拉开火的帷幕，看昨天——
一幕幕惊心动魄：
理智被通上了强电，
大话被压进转炉，
狂热在仪表上飞动，
平衡被虚假颠没……

哦，我的祖国。

只有冻结的钢水挂在眼角……

既然，我们熔进了悲泪和痛苦，

此刻，就将铸造希望和欢乐；

炼出一千支光的剑槊，

把昨夜留下的迷惘挑破；

再升高真理的热度，

熔尽冻结智慧的冰窟！

哦，祖国！

我们用生命铸出每粒晶体，

为把你簇新的理想雕塑；

我们将热血倾入你的心窝，

为让你绯红的希望喷薄！

二

技术革新的闯将盛利

从19世纪下半叶开始，上海就一直是中国的工商业中心，她比任何曾作过古代都城的大城市都更重视理性、科学性和效率。在20世纪30年代，上海的工人人口就已经占到就业人口的20%，上海的工人总数占到全国的43%。在上海的工人队伍中，造船业、机器制造业、印刷业、丝织业和电车运输业工人的技术程度比较高，他们的阶级斗争意识和罢工倾向明显高于技术程度较低的体力工人，也是共产党主要的依靠力量。

新中国成立后，上海就一直致力于提高生产的技术水平，不断实现工业建设的现代化。1960年，上海市委书记曹荻秋更是明确地指明上海城市建设的思路："必须坚决贯彻执行党的社会主义建设总路线和一整套两条腿走路的方针，继续加强上海工业的技术改造，进一步把上海工业转移到现代化的更高的技术基础上，在努力完成国家的生产任务目的的同时，进一步向高、精、尖、新的方向发展，使上海成为国家新产品试制和新技术研究的重要基地。"①

同年，中央军委副主席、分管国防科技的聂荣臻在闵行召开的上海市科技工业工作会议上也提出："上海的工业发展一定要建筑在高度科学技术水平上。向高、精、尖进军。""要把上海建设成为世界上重要的科学技术中心之一。"②

1963年年底，上海市第三届党代会又明确规定了要把上海建设成为我国一个先进工业和科学技术基地的奋斗目标。到了1965年，上海已经有多项产品赶上或接近当时世界先进水平。"上海制造"成为国内产品最响亮的品牌。上海工人阶级还提出了在20年内超过英国、赶上美国的豪言壮语。

---

① 曹荻秋《上海的深刻变化和光辉前景》，《中国青年》1960年第5期。
② 冯小敏主编《现代上海研究论丛》，上海书店出版社2004年7月版第40—43页。

综观上海新中国成立以来工业建设的历史，技术革新和技术革命一直都是贯彻其中的，只不过是在不同的年代有不同的指标要求。新中国成立初期，主要体现为厉行节约、清仓利旧、改良设备、恢复生产；“一五”期间主要体现为增产节约的劳动竞赛；大跃进时期主要体现为“超英赶美”；60年代后主要体现为常规性的技术进步。改革开放后主要体现为赶超世界先进科技水平，把上海建设成为中国先进制造业的中心，并且进一步变“中国制造”为“中国创造”。在50、60年代，上海主要是采取广泛的群众运动的方式。用当时的话说，就是技术革命和文化革命的号角已经吹响，声势浩大、万马奔腾的革命浪潮已经掀起。有一首诗是这样写的：

这个车间揿电钮，
那个车间搞自动，
只见机器不见人，
操纵台上点“三军”。
工人闯进科学宫，
一个人顶几个人。

——王定一《一顶几》

在上海工人作者的文学创作中，积极开展技术革新和技术革命的人物成为主要的描写对象。而在谈到工人的技术化倾向时，我们必须注意一个重要的现象。在解放前，资本主义的工业化大生产对技术提出较高要求是出于资本家对利润的追求，而工人钻研技术是为了生存的需要，具有一定的排他性，因此就流传着这么一个说法，“教会了徒弟，饿死了师傅”。资本家和工人在利益关系上的这种矛盾性就会制约生产的技术进步。而建国以后，生产资料的公有制使得国家利益和工人利益一致起来，推进技术进步也就形成了工人自觉的、群众性的创新活动。正如沪东造船厂的一首工人歌谣唱的那样：

不用锉刀锉，不用刮刀刮，
开动脑袋瓜，钳工机械化。
机械化，放彩霞，
不用十五年，反叫英国赶中华！①

另一首歌谣唱的是：

早迎太阳夜披星，
黄昏琢磨到天明。
不计荣誉和奖金，
一切为了大革新。②

如果说，胡万春是描写钢铁工人的“圣手”，那么，费礼文可以算是描写机器制造业工人的“圣手”。费礼文，1929年10月24日出生。解放前只读了3年书，14岁就当童工，1945年后到上海做临时工。建国后进上海中和机器厂当工人，1950年又转到上海吴淞机器厂（后来的上海柴油机厂）先后做铣工和滚工。工作之余参加业余文化学习，1952年被评为市五金工会系统学习模范。在业余学校教员的鼓励下写黑板报稿件，后被下厂深入生活的《劳动报》记者发现，开始担任报社通讯员，写了百

① 郭沫若、周扬编《红旗歌谣》，《红旗》杂志出版社，1959年9月版。
② 1958年5月21日《文汇报》。

余篇新闻、通讯和特写。1953年参加了由《劳动报》、上海电台和上海市作协联合举办的文学创作学习班，在这个班上创作并发表了第一个作品。由于费礼文青年时期比较长时间地在机器厂工作，本身又是个技术不错的铣工，在厂里被尊称为“老师傅”，所以他对技术操作比较熟悉，对技术工人也比较熟悉。他所擅长描写的工厂生活就是工人们如何开展技术革新和技术革命。

通过这一类作品，我们可以看到在共产党的领导下，工人群众当家作主的权利意识空前高涨。这种权利意识主要体现为对生产过程的民主决策，比如说用什么样的技术手段、用什么样的材料、选择什么样的生产时机等等。也就是说，主要表现在技术民主上。但是工人的民主权利意识始终都没有被引向政治民主。工人们一般都缺乏公民意识，缺乏对国家前途和人民命运的实践性思考。我们还可以从费礼文

小说家费礼文 *

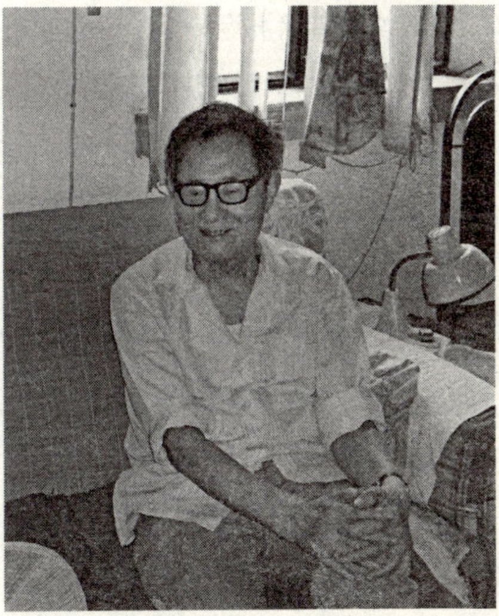

的作品里看到，上海的机器制造业在建国后的短短几年里得到了较快的发展，许多技术难题在工人们的勤奋和钻研面前被攻破，生产效率和质量都有较大的提高。上海不仅成为全国制造技术领先的城市，而且还为兄弟省市培训、输送了大量技术人才，帮助兄弟省市制造了许多先进设备。上海的机器制造业工人为新中国的工业建设作出了巨大贡献。

费礼文的处女作《老兄弟俩》就是写的技术革新，是他的文学练笔，情节和主题都很简单。小说写两个同是从旧社会过来的老兄弟，一个是机器工场里的车工徐师傅，一个是检验员王师傅。徐师傅为了赶任务，曲轴车得不太精确，被王师傅打了回票，老兄弟俩就此闹了红脸。后来工会干部做了徐师傅的思想工作，告诉他，去年皖南地区买了厂里一部“引擎”去打水，没想到汽缸有砂眼，大水淹了上千亩土地。这个事实教育了徐师傅，使他明白了讲究质量的重要性。于是他开动脑筋，改进工具，提高了加工零件的质量。徐师傅后来车出来的曲轴光滑得就像镜面一样，看得王师傅啧啧称奇。老兄弟俩也就和好如初了。

散文特写《上海一宝》写的这个“宝”就是上海锅炉厂技术革新中的青年钻工李福祥，他在别人认为最没有窍门可找的钻床这一行上革新了30多项技术，使生产效率飞快地跃升到以往的50倍。他创造的机动攻丝先进经验，震惊了全国。但是他并不死守在功劳簿上，而是主动接下了“腰形法兰”的加工任务。这个“腰形法兰”按规定是由铣床加工的，质量要求很高。他先是在铣床上加工，后来又改在钻床上加工，都不成功。也有人曾提醒李福祥，还是别去接这个任务，免得出乱子，影响劳模名誉。经过一番激烈的思想斗争，李福祥慎重地开动了钻床，最后漂亮地完成了加工。

奇迹是这样发生的：1955年8月的时候，厂里正在试制两台40吨锅炉，要求10月份完工。按一般工时计算，钻工的工时要增加三倍才行。李福祥想，锅炉要是不能如期完成，上海汽轮机厂造的汽轮机、上海电机厂造的发电机都不能转动，淮南煤矿也将没有新的电源，所以他就马上把这活儿给揽了下来。他开始搞钻孔试验时，失败了好几次，有人就批评他的试验是拿国家财产当把戏耍。他也曾伤心得热泪盈眶，但他并不气馁。经过反复十几次的思考和试验，他终于提高了钻孔速度，使厂里的任务按时完成。他在钻床上创造的快速钻眼、机动攻丝先进经验传遍了上海和全国。国家一机部工会还接受广大工人的请求，组织李福祥等人到全国各地去"传经"表演。有一次，李福祥到上海一家船厂表演。表演完毕他又在车间东看看、西摸摸，终于又让他发现三个工人正在用传统的手工法攻一种比较特殊的"不通孔螺丝"。工人们说，对这种螺丝，机器操作是不管用的。可是李福祥就是不死心。他没日没夜地翻书、试验，终于又一次战胜了困难，使机器操作比手工快了30倍。他就是这样的一个钻工、一个共产党员。只要是生产上的困难，他就要管，他就要去攻克。当他看到用自己发明的新技术造出来的产品装上卡车运到四面八方时，他才感受到最大的快乐。

在《师傅 · 伙伴 · 徒弟》中，费礼文用散点扫描的手法，给我们介绍了一群上海劳动英雄的群像。上海矿山机械厂的老滚工苗师傅，发明4排刀子同时切削的方法，使加工速度大大提高。在1959年上半年，他一共加工了20多种齿轮，几乎是每加工一种，就搞一次革新，提前完成一批又一批生产任务。上海柴油机厂的王槐甫，1951年才开始学技术，1959年已经成了7级工，4次当选上海市先进生产者，还出席了世界青工会议。可是他对已经取得的成绩并不满足，还想创造一种好的刀子，让很多工种都能用，都能超额完成任务。为了这个试验，他到处请教、学习，还找了当时来上海表演的苏联铣工列昂诺夫。最后，他创造的新刀具终于获得了成功，不仅在自己的厂子里普遍推广，还在全国许多工业城市开花结果。上海柴油机厂的张伟，进厂时只有17岁，仅仅几年就成了市先进生产者，半年内就提出了23件革新建议。真是长江后浪推前浪，一个更比一个强啊！

《抢红旗》是费礼文的著名小说，说的是在某大型机器厂一直被认为出不了什么技术革新的冷门部门——材料仓库，居然也搞起了改进除锈工艺的工作法。小说的主人公是身为管理科科长的舅舅老张和身为青年管理员的外甥女金燕。在厂里的"抢红旗"动员大会上，乳臭未干的毛丫头金燕居然在大会上"胡言乱语"："找出窍门把红旗抢来，把我们管理科从冷门里打出热门来。"金燕说干就干，她开始琢磨用白蜡代替牛油防锈。这件事遭到老张的强烈反对，他在管理科的仓库里已经干了24年，对仓库里的东西是看得比自己的生命还要重要的。他一生稳重，没有十分把握的事是绝对不干的。金燕最初的试验没有成功，老张认为这事原本就不该干，现在果然浪费了国家的白蜡，因此对金燕的试验坚决反对。金燕在团支书小方的支持下，通过改进配方，在白蜡里加进一定比例的凡士林来加强脆性，终于让新的除锈法试验成功了。老张也在厂长的开导下，在金燕的成功面前认识到了自己保守求稳思想的错误，衷心地向金燕道喜祝贺。

《抢红旗》里的一些情节颇可玩味。比如有一段写的是，下班以后，管理科科长老张召集了班组会。老张批评管理员金燕擅自搞什么除锈保养工具油的试验，浪费了国家资源。老张认为要珍惜人民的财产，没把握的事不能做。团支书小方站出来帮金燕辩解，说试验并没有失败，只是碰到暂时的困难，应该坚持下去，还说要找厂长评理。老张激动地回应道："呸！小兔崽子简直是胡说八道。我老张吃的盐，比你吃的饭也多呀？你找厂长，我不能去吗？”看到这里，我们觉得老张似乎有点倚老卖老、蛮不讲理的。后来，老张又征求大家的意见，要把这事呈报厂长给予严厉处分，问大家是否同意。大伙儿互相望望，没人应声。于是老张就说：“大家不响，就算通过啦。”这时，有一个人发言了：“不！科长还是仔细考虑一下吧！”于是就有六七个人附和。老张抓抓头说：“既然大家不同意，那就算我自己意见吧。会议到此就算结束了，大家好早点回家啦。”

这篇小说是1955年发表的，班组会的场景显示出张科长和组员们的民主意识都很强。像这样未经科长同意而出现的工作失误，科长向厂长汇报并请求处分，这也是科长的管理权力。可是张科长并没有行使独断权，而是召开班组会听取工人们的意见。工人们起先没人发言，而是互相望望，这是中国传统文化使然；谁也不愿先挑头，做个出头椽子。可是当科长宣布大家不响就算通过时，工人阶级的民主意识就压倒了传统意识，终于有一个人站出来委婉地表示不同意，用的是中国人的含蓄的语言表达方式。于是张科长尊重民意，只把这个意见算作是个人意见，并没有把个人意见强加在众人头上，会议就在一片民主的气氛中结束。这个场景中的几个细节透露出来的是干群关系的和谐、民主意识的浓郁和人际关系的朴素。

费礼文早期的作品矛盾冲突单一，人物心理活动不丰富，还没有完全摆脱好人好事的报道模式。直到后来写竞赛并非是描写主人公要夺锦标，而是为了凸显主人公的先进思想，更是为了强调工人阶级的团结协作精神，体现出共产主义高尚思想境界的迷人魅力，他才确定了自己鲜明的创作特色。

《竞赛没有结束》是费礼文颇负盛名的一篇报告文学，描写了上海机床厂的优秀车工盛利在1955年就完成了1957年的生产任务，还向全市车工提出了开展“保证质量，提高切削效率”运动的倡议。此后，全市车工的切削竞赛就蓬勃展开，先是盛利创造了550公尺的纪录，然后又是汽轮机厂的三级工宋万庆，居然创造了1 055公尺的新纪录。但是，这篇作品的重心显然并不是描述紧张、刺激的竞赛过程，实际上写的是盛利的心理活动过程。他如何看待竞赛，如何理解个人价值，又是怎样在劳动竞赛过程中使自己的精神得到了升华。正是这种比较细腻的心理描写才使作品具有比较深刻的意义。

主人公盛利是低调出场的。这一天，他的脸绷得紧紧，看不出有一丝笑容。这时的他已经是全市闻名的切削能手，全市的车工都在努力赶超他的纪录。盛名之下，其实难副。这时的盛利其实烦恼极了，因为正是在这个节骨眼上，厂里却让他换了一台“老黄牛”车床，切削速度老是在100公尺上下徘徊。他的心里不由得冒火：“领导为什么偏偏要叫我调床子……同他们说去，这样下去怎么办！”但是他只走出一步，却又折回身来，心里展开了思想斗争：“我们发动竞赛的目的，不正是为了搞好生产……你也顾着自己，他也本位主义，利门车床让谁去做？为了创纪录，生产任务都不顾了吗……难道劳动模范这四个字，是应该戴在个人打算的人身上吗？”这一段心理描写很重要，它点明了这样的道理：“劳动模范”并非单指“劳动”的模范，而应该是指“劳动思想”的模范，否则，它就是一个假模范。而辨别一个模范是真是假，主要也不是看他的纪录，而是看他的思想和行动。

就在盛利思想斗争的关键时刻，艾厂长出现了，他又在其中起到了关键性的点拨作用。艾厂长对盛利说：“做个劳动模范不简单呀！既要带头，又要迎头赶上。”这“迎头赶上”说得很有哲理。社会需要的正是“迎头赶上”这种局面，而模范尤其需要具备适应这种局面的能力。艾厂长接着说：“大伙谈起来，总是要把先进人物说成天生的铁打钢铸的英雄……其实，他同大伙儿一样，接受了困难担子的时候，也同样是会闹思想别扭，闹情绪的。可是，他们所以能成为英雄，就是因为他们能走在大伙前头，扫掉这些挡路石，一步一步向前跨着。”艾厂长说的“走在大伙前头”，指的正是在思想上要走在前头，而不只是指在生产纪录上要走在前头。听了厂长的话，盛利的脸红了起来，承认自己确实闹了一点情绪。艾厂长又及时肯定了他：“哈，能老实就好。”这个“老实”其实也很重要。任何一个人都不是完人，私心杂念是免不了的，重要的不是他有没有过私心，而是他能不能克服私心。盛利的可贵可敬之处就在于他很快地克服了私心，调整了心态，又全身心地投入到改革这台“老黄牛”车床的工作中去。最后他在动力设备科的技术人员协助之下，终于完成了这项工作，使机床的切削速度从300转提高到820转，又提高到1 287转。

作者动情地描写了盛利所起的带头作用使后来居上的三级工宋万庆又创造了新的纪录。精彩结尾是，团市委组织了一次全市性的操作交流，请宋万庆当场表演高速切削，盛利抱着学习的目的前往观摩。经团市委同志的劝说，盛利同意担任宋万庆的助手。从准备工作开始，盛利就真心实意地为宋万庆操上了这份心，认真帮助宋万庆做好表演准备。表演开始后，当宋万庆超过1 300公尺速度时，作者写出了盛利的真实心理：“赶过我啦。盛利心里突然发出一阵隐痛，连看了宋万庆几眼，头不知不觉低了下来。”但这种念头仅仅是那么一刹那。当表演途中，宋万庆的刀子几次被烧坏，表演无法进行下去时，观众中有人说：“快倒是快，刀子老烧掉有什么稀奇。”还有人提出：“我们是来学习的呀，干脆就让盛利表演一下，补补课。好不算白跑。”这些话又引起了盛利的思想斗争，他在心里翻腾着：“我们发动竞赛倡议，为了什么？难道是为了名，还是为了利吗？不！是为了推动社会前进……像宋万庆这样的级数低的工人，全国该有多少，比我们这些级数高的工人要多得多。假使他们都能从他这里得到学习榜样，那该要使生产变成什么样子……要帮助他，这是我们的责任。”于是，盛利拿出了无意中带在身边的苏联青工费多罗夫送给他的两把磁刀，借给宋万庆继续表演。他还细心地替宋万庆装好刀子，然后退回来，轻声告诉他应该注意的地方。表演终于取得了成功，宋万庆又把盛利“摔”下来了。虽然盛利不禁又“猛地打了一个寒噤”，但他还是用激动的、发抖的声音说：“今天宋万庆赶过了我，明天可能有更多的人赶过了他！大家都在竞赛，但不是为了个人……我虽然比宋万庆大上十几岁，可我追不上，跟也要跟上去，我们的竞赛没有结束……在我们的国家里，生活永远是这样。”

至此，作者完成了卒章显志。这个“志”是颇有深意的，又因为其真实而感人的力量，它不仅在当时，就是在现在，也是值得人们深思的。什么是工人阶级的思想？什么是工人阶级的先进性？工人阶级的眼光不只是看到自己的一台机器、自己的工厂，他们的心胸装着整个国家，甚至整个世界。因此，盛利这个形象成为了中国工人阶级先进形象的一个代

* 反映技术革新的漫画作品

表，这个形象的光芒依然闪亮。

此后，就接连有了小说中的个性鲜明的形象。《黄浦江的浪潮》里有个被唤作“样样管”的可爱的运料组长吴守本。在厂里开展的劳动竞赛攻擂比赛中，他代表运料组递上了大红的挑战书。一时间，车间里出钢速度加快了，运料场装料速度也加快了。在这种情况下，吴守本还热心地帮助“对手”运料场设计了“电抓钩”，使运料速度快了两倍。他的这种“吃里扒外”可急坏了运料组的青工何小海。他不满地对吴守本发牢骚：“你是我们组长，从早到晚却替别人出主意，就不想着运料组？”可是吴守本说得好：“什么你们我们的，你说，厂里哪桩事情不是我们工人自己的。我们的比赛可不是打架，也要手拉手一同前进……年轻轻的，别给锦旗迷花了眼睛。”

在现实生活中，被锦旗、锦标迷花了眼睛的人还真的不少，搞政绩工程的干部也是“前仆后继”，有的人甚至为了争功劳而不择手段。可是真正的工人阶级思想，从来都不是本位主义、个人主义，而是集体主义。吴守本的可贵之处就在于他不仅提出了挑战，更明白竞赛的意义。他要带动他周围的人都明白竞赛的意义，大家一同进步。为了赶上全厂的生产步伐，不拖后腿，他谢绝了花费国家3万2千块钱添置新运料车的主张，而是开动脑筋改革旧的运料车。在吴守本这种一心为国家、为工厂着想的思想感召下，竞赛对手们也纷纷前来帮助改装运料车，工厂的劳动竞赛又跃上了一个新的台阶。

在《雨路车辙》里，主人公是从学徒算起只有四年工龄的铣工李大海。他的工厂在上海机器业里是默默无闻的小厂，他自己也只是个刚刚冒尖的先进人物。可是当他看到报上登了上海市著名劳动模范陈桂生的竞赛倡议书后，就马上写了应战书。为了竞赛取胜，必须提高铣床的转速，而他一时又找不出好的办法。想起党支书说过的话，搞竞赛的目的就是互相学习、加快建设社会主义，于是他就准备去请教陈桂生。没想到陈桂生已经一直在暗中搞试验帮助李大海完善新的操作法，使多形铣刀的加工速度比原先要快三倍多。小说结尾时，陈桂生匆匆赶去上班，留了一张纸条给准备赶来的李大海："今天的竞赛，又要轮到你胜利了……没关系，明天，我可要追上来。一有时间，我还会来找你的。"写到这儿，两个竞赛对手的高风亮节就都显示出来了。他们俩的行动表明：竞赛不是目的，只是手段；竞赛对手就是要在竞赛中互相比试、互相交流、共同提高。作者为了增强小说的故事性，把陈桂生写成一直是在隐瞒自己的真实身份而和李大海进行了数次互帮互学，直到最后才留下字条公开身份，这样的情节设计有点儿生硬。小说的吸引力要素其实已经包含在这两个性格迥异的人物身上和曲折的技术革新试验过程之中，只要写好这两个方面，小说是有可读性的。

费礼文在回顾自己的创作时曾坦言："我在后来的创作中为了配合历次政治运动，也曾写过根据领导讲话和社论要求的作品，并花了九牛二虎之力去着意刻画从生活中拔高了的人物，使之高大完美到几乎不食人间烟火，四大皆空的神。""在塑造工人形象时，种种限制也逐步升级，从不能写他们的缺点，发展到要突出、再突出，塑造出完美无缺的无产阶级的高大英雄形象。"① 所以，在小说里就有了这样的对话，李福祥问周围的伙伴："是时间管人呢还是人管时间？"伙伴们说："当然是时间管人。"李福祥听了摇头道："不对，是人在管理时间！ 24小时虽是固定的，但我们却能做48小时的事情。"一个科室人员争辩道："一个人做三个人的事情，他又没有长6只手。"李福祥反驳说："别说三个，就是上十上百的事情，我们也能一下子挑起来。"争辩的人不服气："有什么依

① 《作家谈创作》，花城出版社1981年8月版第259页。

据？”李福祥坚定地回答：“我们工人的共产主义思想觉悟。”小说表达了这样一个道理：只要有共产主义觉悟，什么困难都能克服。这是时代的精神，费礼文无法超越。

类似题材的文学创作在当时非常普遍，譬如国棉二十一厂徐锦珊的《小珍珠和刘师傅》也是一篇享有全国声誉的短篇小说。小说写的是细纱车间保全部因缺少人力影响了全厂生产，厂里只好派运转部门的青年女工“小珍珠”前来支援。小珍珠什么也不会，老技工刘师傅也只是让她当当下手。小珍珠却处处关心刘师傅，时时找机会虚心求教。她坐在地上擦零件时，嘴里也有一搭没一搭地找刘师傅扯谈：“这叫什么工具？”“嗯！直尺！”“可不知道派什么用场呢？”“用来校罗拉垂直用的。”“那么，为什么这么一只，又这么一只呢？”“分左右手！”“这个又叫什么呢？”“拆铜衬工具。”正当刘师傅心里发火，觉得这个毛丫头真够烦死人的时候，小珍珠突然站起来，跑到刘师傅面前行了三个鞠躬礼，自说自话道：“刘师傅，徒弟这边有礼了，今后只听师傅吩咐。”小金就在旁边敲边鼓：“刘师傅开红灯啦！刘师傅开红灯啦！”（工人们指难为情、脸发红为“开红灯”）于是，小珍珠就成了刘师傅事实上的徒弟。到后来，刘师傅禁不住在心里感叹：“能干！的确比小伙子们还能干，这倒是意想不到的。”这篇小说的情节十分简单，但是作者的叙述很活泼，人物语言生动有趣，充满生活的气息。作者的这种不事雕琢的写法使这个女青年学技术的故事显出了它的动人魅力。

三

漂亮倔强的纺织女工沙桂英

衣食住行，人人关心，居住在大都市的人们就更加讲究穿着了。可是有几个人知道纺织女工的劳动有多么辛苦，她们的工作环境与她们织出来的“彩练”之间又有多么大的反差。那么，就请看看工人作家唐克新的描写吧：

> 解放前，夏天对纺织工人来说简直就是灾难，布机车间的温度高得吓人，空气像臭河浜里的死水一样，还夹杂着大量的浆粉和飞花。工人们在车间里干活，一天十几个钟头，汗不停地流，像山上的泉水，永远不会断。要是昏倒了，同伴们就把她抬出去，在头上泼一盆冷水，醒了算是命根子硬，不醒就拉倒。所以老工人都把布机间叫做“蒸笼”。建国后，党和政府十分关心工人的劳动条件，布机间终于装上了冷风机。冷风机送风的时候，风道的出风口，红绿丝带飘起来了，一根根地又细又长，袅袅地飘着。风从里面冲出来，带着点水腥味，又像有点儿甜丝丝的，第一回冲到人身上，会使人突然打个寒噤。布机间的女工三嫂子想：“要布机间不热，除非天变了，变得一年只有三季，没有夏天！可是现在天并没有变，车间里却变了。”这一件新事物也给车间带来了新面貌，在每个人的肩胛上，你再也看不见一条湿毛巾，在水龙头旁，你再也看不到女工们挤着跑着绞毛巾；车间里的茶箱，一只只都是端端正正的，再也看不到一只倾倒的；送茶的工友，再也没有人来向他吵着嫌茶太热或是太少了；吃过饭的休息时间，你再也看不见通向清花间去的那条通道口的大群大群乘风凉的人了。如果你一辈子不出车间，你会以为，世界上没有冬天，也没有了夏天，一年四季都只是春天呢！春天永远是属于春天的，我们用辛勤的劳动创造春天。

这是唐克新的成名作《车间里的春天》的片段。虽然作者满怀翻身的喜悦，用诗化的语言歌颂了纺织厂的新面貌和纺织工人的新生活，但是我们依然能够发现，纺纱织布可以看成是女性们最高强度的体力劳动了。

唐克新只读过2年多的书，但是酷爱民间文学，看过不少故事书之类的东西。他12岁就当童工，建国后进了上海国棉六厂。他曾经这样向笔者表述他的创作动机，"过去的工人根本没有地位，工会里都是一些工人贵族，也不代表工人利益。建国后，生活一下子大变样了，工人有了发言权，成了工厂的主人。而我所干的活儿就是要把纺织厂车间里的温度降下来，使工人们有一个比较好的工作环境。这种事情在解放前是连想也想不到的，现如今，党和政府却全替工人想到了。因此，内心就充满了幸福感，充满了一股创作的冲动，老是觉得心里有话要说出来。那时候，我的文化水平相当的低，但是，新的时代和新的生活却使我毫无胆怯地拿起了笔。"

小说家唐克新 *

唐克新对新旧工厂的变化十分敏感，在他的记忆中，他几乎是在一个夜晚就写出了处女作《车间里的春天》，讲的就是要安装冷风机，使车间温度降下来，改善工人的劳动条件。文章寄给了《解放日报》，编辑没怎么改，就登出来了。从此，唐克新一发不可收，创作生涯坚持到了80年代末。唐克新了解纺织厂，了解纺织女工，自打这篇作品以后，他的笔触有了转变，专注于写人物，特别是纺织女工，他写了各种年龄、各个工种、又各具特点的纺织女工形象，写她们在平凡而又艰苦的劳动岗位上做出了令人意想不到的创举，展示了新中国纺织女工美丽的心灵。

《种子》采用先抑后扬的手法写了一位老年女工王小妹。作者对王小妹的描写是：从一条车弄里走出来一个"五十上下，小脚伶丁的老女工，她跑起巡回来慢条斯理的，像黄浦江中间荡着的一只小舢舨。在这样充满战斗气氛的车间里，她显得和这个环境有点不调和。"就是这样的一个王小妹，三年前调到加工车间时，作为车间主任的"我"简直是把她当成一个累赘的，只安排她在办公室里照应照应，可是她却倔强地偏要去挡车。那个时候，谁都认为她是应该照顾的，所以让她享受计时工资，还把车间里最"少爷"的一部车子给她挡，无论她的产量做了多少，车间里都不把她算在定员之内。可是，这位王小妹却无声无息地成了挡车的高手，成了大家学习的标兵。

作者在塑造王小妹这个老年女工形象时采用了心理线索和行为线索交相推进的手法。第一人称"我"是车间主任，抱着将信将疑的心情来跟王小妹挡车，想把她的先进操作经验归纳出来，推广开去。在差不多3个星期的时间里，"我"一边看王小妹挡车、到她家访问，一边不断地更新着对王小妹这个人的看法。这是一条心理线索。另一方面，是"我"看到的王小妹，她的倔强的态度，她的出神入化的操作技术和有如心灵感应般灵敏的听力。这是一条行为线索。两条线索都向前推进，最后就使一位可敬可爱的纺织女工的形象树立起来了。

“我”开始接触王小妹时，希望她能介绍一些先进的操作经验，但对她的估计并不高。“我想，像王小妹这样的老工人，她们在旧社会吃过很多苦，自然会衷心热爱新社会。可是她们没有文化，接触的事情又不多，可能政治上开展得比较慢，有些道理讲不清。因此，就决定先从政治思想上帮助帮助她。”“我”讲了一番大道理，希望她受到触动，能吐出一些经验来，可是王小妹的回应却是“我只会做，就是不会说”。于是“我”想了办法，调来两个教练员与自己组成一个三人小组，天天跟着她，给她做测定，硬是要从她的操作中找出经验来。一个星期下来，三个人发现了王小妹的不少好经验，关键的一个经验是接头，王小妹的判断准极了，但是怎么会这么准呢，她还是讲不出来。两条故事线索经过这番推进已经牢牢地抓住了读者的心，人们迫切地想知道，在王小妹身上，奇迹是如何创造出来的。

于是“我”为了帮助王小妹回忆、总结经验，每天下班后就跟她一道回家，和她聊天谈家常，终于发现了王小妹的一些秘密。原来，三年来，她坚持让孩子记下自己的生产成绩进行对照、摸索，要是发现产量减了，她就会饭也吃不下，觉也睡不着地琢磨。她为什么会对自己的工作有这么深的感情，有这么大的毅力？还是她的孩子道出了原委：“我还教她读书。她老是要我读这两课。一课是《社会主义和共产主义》，另一课是《党课讲话》。”这使“我”的心灵受到了很大的震动。于是我问：“你向支部提过吗？”王小妹依然是不说话，却从里面的衬衣口袋里摸出来一张纸条，这张纸条已经磨得有些破烂了，上面还带着她身上的体温。只见上面歪歪斜斜地写着这样几个字：“我想入党，够不够？”

看到这里，无论是小说中的“我”，还是读者诸君，对王小妹的内心世界都有所了解了。她努力工作的原动力并不是自己和自己的家庭，而是为了一个美好的、光明的、更新的社会。也就是说，她有一个坚定的政治信念。信念的力量是巨大的，况且这个信念是人类最美好的信念，这与文化水平的高低并没有必然联系。王小妹虽然只认识几个字，又年老体弱，但正是有了坚强的信念，她才有了倔强的脾气，要当挡车工，要当一个好的挡车工。为了这个目标，她可以付出一切她可以付出的。那么，一个小脚伶丁的老年女工的身上有多少潜力可以挖掘和付出呢？这就是小说在最后一个部分通过对王小妹生产过程的精彩描绘所要揭示的答案。这个答案就是，一个人身上的潜力有多大，往往是连自己都搞不清楚的。他如果能把自己的潜力充分发挥出来，他就一定能够创造奇迹。

小说的结尾写"我"又跟王小妹做夜班。由于一时疏忽，"我"的车断了一根钢针，我还没来得及站起，王小妹却一下子就跑过来接上了。一般的人在这样轰轰响的车间里根本无法判断哪里断了头，只能找到了地方才能接上，挡车速度自然慢。可是王小妹的耳朵竟有如神助一般的灵敏，真是令人不可思议。写到这里，作者用了一连串的比喻来渲染"我"的感觉和王小妹的动作：

> 走着走着，我的耳朵里轰轰的机器声越来越响、越来越沉了。一会儿像风在怒号，一会儿像海在狂啸，一会儿像千万架飞机低空俯冲而过，一会儿又像夏夜里电光闪闪雷雨倾盆……我好像骑着一匹骏马在风驰电掣地向前奔跑。突然间，一切声音都停止了，世界一下子安静下来了，似乎连空气也凝结起来了，我努力用我的听觉神经在这世界里搜索着，搜索着……忽然，"咯"一声，我差一点跌一跤；王小妹一把拉住我说："你把头碰断了。"是什么样的声音？"噹"的一声，像敲锣，像火车站敲那钢条……

这一段文字写得很好，好在写王小妹只有简单的一句话。作者无需用很多笔墨去描绘读者不熟悉的挡车过程，作者所要做的就是这样的间接表示法，把“我”在当时的感受绘声绘色、富有感染力地表现出来，激发读者的想象力，让读者去想象、去体味，在如此嘈杂轰鸣的各种声音中能立即判断出一枚小小的钢针掉在何处，纱头断在何处，并马上把断头接上，这需要多么灵敏的反应力。而这种超强反应力居然出现在一个年老体弱的女工身上，这就可以说明这个女工的精神力量其实才是人们真正需要搞清楚的。

关于这篇小说的主题，过去人们一直认为小说的题目就是主题。所谓“种子”就是王小妹争取入党的愿望；有了这样的愿望，才会有超乎常人的模范行为。但是小说自身所体现出来的主题并不是仅此一点，而是比喻王小妹就好比是一颗种子。我们需要分析这样的一粒先天条件很差的种子是如何结出硕果的，并且把这种经验在全体工人中推广开去，使我们整个社会都“结满硕果”。如果这样来看、来理解这篇小说的话，那么，写作的意义和阅读的意义就会更大。

1960年，唐克新又发表了短篇小说《主人》。小说的主角仍然是个老年女工，人们都叫她史大妈。史大妈曾经是个出色的细纱挡车工，是建国初期的第一批先进工作者，她能纺出像蚕丝一样细的纱。可是年近60后，她的眼力越来越差，于是就被领导上安排到皮棍间工作。在这里，她可以安安定定地坐着，拿块绒布擦擦车上换下来的皮卷，既不吃力，也无需很高的技术，年轻人都不屑于干这种简单劳动。这个工作跟王小妹的挡车比起来简直没有任何难度，那么，奇迹又是怎么发生在史大妈这样一个老年女工身上的呢？这也是读者们希望看到的，希望作者能够创造出一个有别于王小妹的、独特的“这一个”形象。

作者写史大妈行为的原始动力是一种一般的主人感。“她是这个工厂将近40年的老工人。这40年中，她经历了多少朝代，吃了多少辛酸苦辣：

英国佬的棍棒，日本鬼子的刺刀，国民党的机关枪和坦克。可是她一天也没有离开这个工厂。在这里，有着她的一家老小，她那已经故世的老头子，曾是这里出色的保全工人，她的三个儿子，都是在这里出生和长大的。她像一个辛勤的老农，把自己一生的精力和心血都灌注到这块土地上了。”但是，如果她的思想上光有这些，那么，她成为一个先进生产者、一个高产能手已经足够了。一个快要退休的人，她还能干出什么事呢？这就是小说要揭示的东西，一种更深层次的主人感。史大妈原先只具有朴素的阶级感情和初步的阶级觉悟，后来在周围同志包括党委书记、党小组长等党的干部的帮助、教育下，明白了一个更大的道理：自己是工人阶级的成员，已经成了国家的主人。从工厂的主人上升到国家的主人，这就是史大妈思想认识上的升华，也就是行将退休的史大妈创造奇迹的精神动力。

作者在塑造史大妈这个人物时，是一步步地揭示她思想认识上的进步，又一步步地让史大妈明确自己要克服的是什么样的困难，要做的是什么样的一件大事。作者先写史大妈根据领导的安排来到皮棍间工作。在细纱车间生产速度和产量节节攀高的情况下，作为“后方”的皮棍间的工作速度就越来越跟不上细纱间的生产速度了。这时候，她朦胧地感觉到有一种困难和压力向自己袭来，她为此而苦恼。除了加班加点地干，自己似乎无能为力。当车间总支书记提出要创造一种擦皮棍机器、用机器代替手工，从根本上解决速度慢的问题后，史大妈的心里有所触动，甚至下了决心要全力以赴对眼前的困难发起一场“决战”。但是史大妈还是怀疑自己，还是极力否认自己存在要搞技术革新的幻想。

作者这样处理史大妈的认识过程是比较真实的，像她这样一个没有文化的老太太自然不会有搞一番技术革新的宏大理想。正如史大妈自己说的那样：“我不是革新，只是为了做生活便当。”然而当史大妈理解到自己不单单是工厂的主人、而且是国家的主人后，她心里的想法也就一下子明晰了起来:“一个成了自己国家主人的工人阶级,怎么能够甘心做机器和生产工具的奴隶?”为了摆脱变成机器和工具的奴隶这样的命运,她的“只是为了做生活便当”的朴素想法,实际上就变成了技术革新的动力。她从发明三槽木板刷开始,后来又在青年工人的帮助下设计了揩皮卷机,使工作效率提高了50多倍。史大妈做出了了不起的贡献,这位头发灰白的老太太又一次获得了干部和群众对她的尊敬。小说的最后,作者再度将史大妈的思想认识加以升华:“我们是社会的主人,我们也是大自然的主人!”

小说实际上就是写史大妈“主人”意识的不断提升、深化的过程。较低层次的“主人感”是加班加点、不怕苦不怕累的精神动力,而较高层次的“主人”意识才是技术革新的精神动力。一个真正美好的社会,就是要让每一个普通人都能具备较高层次的主人意识,每一个人都能激发出自身的创造力,这样,我们才能说:“没有什么困难可以难倒我们。”这是一个探讨人的精神的命题,虽然作者并不知其所以然。但是作者显然是靠着对生活的熟悉为我们揭示了这样一个重要的命题。

在现实生活中,年轻的女劳模是不是男青年择偶的首选,答案肯定是否定的,因为她们可敬而不可爱,想要爱她不容易。或许正是这种强烈的反差,使得文学作品中的沙桂英成为男青年们心中的偶像。笔者在学徒的时候多次听到小伙子的感叹:沙桂英在哪儿?我要找的就是沙桂英!

1962年,唐克新发表了影响最大、争议也最大的中篇小说《沙桂英》。年轻的挡车女工沙桂英以连续10个月不出次布的优异成绩跨入了工厂的先进行列,“并且站到了这个行列的顶巅。”人们只要一走进工厂大门,一条横跨大道的鲜红大横幅就会映入眼帘,上面写着:“学习沙桂英,赶上沙桂英,超过沙桂英。”一群青工围在厂门口的光荣榜前对那些年轻的女劳模评头论足,他们对沙桂英的评价是:“看来她很年轻嘿。”“而且也很漂亮。”“你们谁认识她？”“怎么啦，你想去招女婿么？”年轻漂亮，是沙桂英的外表特征。然而，她可爱吗？小说正是以一个大大的悬念为读者揭开她的美丽面纱。

沙桂英虽然是个生产标兵，然而她所在的这个工区却并不是一个先进工区，有个叫新嫂子的女工，她一个人出的次布就占全工区的四分之一，最落后的成绩也是出在这个工区。副工长邵顺宝正为这事烦心呢。这是小说的开头部分。

矛盾展开的第一个回合是工区的生产会议，要解决新嫂子出次布的问题。新嫂子挡的车都是一些“老爷车”，一年多以前重新划分工区时，没一个工区愿意要这些车。当时邵顺宝想表现一下自己的机修能力，就爽气地把这些车接了过来。接过来才发现这些车根本修不好，后来说了许多好话，才把这些车分派给了新嫂子。新嫂子是工区里挡车工龄最长的女工，对这些老式车是比较熟悉的。但是新嫂子的次布出得也太多了，即使是老爷车也不应该有这么多次布的。在会上，大家对新嫂子的操作和保养就提出了意见，可是新嫂子却扔出一张“王牌”：“谁有本事到我车上试试！”在新嫂子看来，这个工区里没有人会接这张牌。没想到沙桂英会开这个口：“我跟你调车好了。”

第二个回合是思想的较量。邵顺宝特意来到沙桂英家里，劝说她收回调车的主意。邵顺宝不愧是当干部的，冠冕堂皇的大道理冲口就来：“党要你带动更多的人前进，这可不是你个人的问题！”邵顺宝的心思沙桂英一眼就能看穿，他是不愿自己因为调车而使产量下降，“消灭”掉工区的一个劳模。工区的劳模就是他工长的政治资本。所以她沙桂英并不买账：“你说，你是为了什么？还是好好看看你自己吧！”沙妈妈出来打圆场：“你厂里的事我不懂，可是人总不能不识好歹，人家巴望你当上劳动模范他有啥好处？光荣的还不是你？”沙桂英就坚决回答：“谢谢！我不要当那种劳动模范！”

在60年代，这可是惊世骇俗的话呀，劳动模范谁不向往，争都争不到的，她沙桂英却敢于说出这样的话，真是一个漂亮又倔强的纺织女工啊！邵顺宝可不管这些，他只是要沙桂英收回成命。可是种种激将法对沙桂英似乎都不起作用，她把全副精力都用在了对付那些“老爷车”上。她找出了车子毛病，非常顶真地要求邵顺宝和平车队的师傅们一一修好。自从沙桂英和新嫂子调车以后，车间里的许多事情起了变化，而且都是向好的方向转变，连新嫂子也逐渐改变脾气暴躁不虚心的缺点了。沙桂英宁愿不当劳模，也要把工区的生产搞上去。这是一个多么可爱的劳模呀，她把劳模的外衣看得轻如鸿毛，却把劳模的作用发挥得淋漓尽致。

作者把另一半的笔墨放在了恋爱问题上。当生产出现新的转机后，一种新的感觉涌上了邵顺宝的心头。他觉得自己已经28岁了，还没有对象，而沙桂英年轻貌美，又有文化、有出息，正是自己的合适对象。于是他就写了一封情书给沙桂英。沙桂英的态度耐人寻味：“我并不喜欢他，但不应该毁坏他，而是应该帮助他。”结局自然是邵顺宝的失落，但从此以后，沙桂英就成了年轻男读者的梦中情人。

第二年春天，厂里评选上一年度的劳动模范。在4个市劳模的候选人中，沙桂英的生产成绩最差，她因此没有当上劳模。但是“她的大幅照片仍然一个月又一个月地和那几个著名的劳动模范并列在一起，她的名字仍然被高高挂在那大红横幅上，而且不久还超出了工厂，登上了本市的报纸”。

这篇小说发表后，引起了不少的评说和争议。争论的焦点主要围绕沙桂英的形象和邵顺宝的形象。对于沙桂英，大家都认为这是一个新人形象。我觉得，这个形象新就新在我们可以从沙桂英身上得到一个主题：怎样才能正确地对待个人荣誉以及个人和集体的关系？什么才是真正的工人阶级的责任感？这个发人深思的主题，使作品获得相当的深度。

邵顺宝在和沙桂英的谈话中抬出了“模范作用”和“党”这两个大概念。如果这两顶帽子能把沙桂英压住，那么沙桂英就不是新人了。果然，沙桂英没有屈服，但是沙桂英也并没有说出什么强有力的反驳，她只是本能地感觉到邵顺宝的出发点不对，并不是真正从工人阶级的利益考虑的，她只能说：“你说，你是为了什么？还是好好看看你自己吧！”

对于作者把沙桂英写成这样的表现，当时就有一些批判，认为对沙桂英的描写简单化，没有写出她的心理活动和她的思想根源，把人物写得不高，因而使这个人物带有一些缺陷，不那么完美和理想。即使是在一些赞扬性的文章中，有人也只是这样辩护：“沙桂英确乎还不是一个已经成熟的人物。然而不成熟又有什么关系，到时候她自己就会成熟起来的。”我不知道这个“成熟”指的是什么？如果指的是待人处世的方法，那么，到时候她自然就会成熟起来。不过，这种成熟差不多也就等于圆滑，这样的人太多，并无什么可爱之处，沙桂英如果是这样一个人，这个文学形象也就没什么意思了。我认为这个人物不是太低而是太高，高得有点孤独，有点难以被理解。

这里其实已经涉及了一个普遍而又深刻的问题：什么是工人阶级的思想？在马克思主义的经典著作里，工人阶级的思想不但是超越本部门、本地区，而且是超越国界的、整个人类最先进的阶级的思想。在工人阶级的思想里，爱国主义同时应该是国际主义的。列宁在《卡尔·马克思》中指出：“在各发达的资本主义国家内，这完全是一个真理：‘工人没有祖国’。至少在各文明国家，工人的‘联合行动’是无产阶级获得解放的首要条件之一。”所以当帝国主义之间发生弱肉强食的战争时，工人阶级应该适时地进行推翻本国统治阶级的革命，以加速帝国主义的灭亡，而不是被狭隘的民族主义所束缚，为本国的统治阶级所利用，为帝国主义充当炮灰。

但是，在中国这样一个长期受封建思想毒害的国度里，全人类的概念和整个阶级的观念是十分淡薄的。一事当前，人们往往只考虑一己的或小集团的利益，这其实就是小农思想的延伸，是农民意识在现代社会的表现。无论是政绩工程，还是地方保护主义，抑或是各种各样的个人荣誉观，都是和工人阶级的思想格格不入的。改革开放之前是这样，当下又何尝不是这样。我们的社会存在着社会主义的经济关系，又存在着封建主义思想与社会主义思想的激烈交锋（资产阶级思想其实没有多少抗衡力）。在唐克新创作的那个年代，社会生活方面是社会主义思想占上风，而在个人生活方面，是封建主义思想略占上风。所以，就会有邵顺宝这样把沙桂英这个先进和本工区的荣誉和个人的政绩捆绑在一起的算不上坏人的"好干部"。而沙桂英那样地不看重荣誉，倒是特立独行的、不寻常的。这就是沙桂英形象塑造的高明之处。文学作品难道不应该比现实生活站得更高、看得更远，不应该树立更为先进的思想观念吗？

遗憾的是，有些评论不是充分肯定沙桂英形象的意义，而是说这个形象不高，这只能说明沙桂英们的生存环境不那么令人乐观。在小说里，沙桂英虽败犹荣，她虽然没有评上劳模，但她的大幅照片仍然一个月又一个月地和那几个著名劳模并列在一起；可是在现实生活中，恐怕沙桂英要受到冷淡甚至是批判，而邵顺宝倒很可能官运亨通。可能过不了多久，就不是沙桂英看不上邵顺宝，而是邵顺宝看不上沙桂英了。

沙桂英这个形象的"新"更体现在生活理想这个层面上。如果说如何对待"劳模"是个正主题，那么如何对待恋爱就可以算是一个副主题。触及工人阶级的恋爱观，这在过去的文学中也是不多见的。沙桂英并不是什么女强人，在邵顺宝看来，她是一个刚得叫人害怕，却又柔得叫人可爱的女青年。所以在从被逼无奈到后来主动自觉修理那些"老爷车"的过程中，邵顺宝接受了沙桂英的种种关心，他都认为是一种好感，是一种爱的前奏。小说写道，在没有看到邵顺宝的求爱信之前，沙桂英对于恋爱从没有想过。在收到了邵顺宝的求爱信之后，沙桂英对于这件“人生大事”就不得不有所考虑了。她对于理想爱人的标准可以说是大处清晰、小处模糊。所谓大处就是这个“他”不能是一个只想着自己的人，所以她对母亲说：“妈妈，你告诉我，人，难道只要保住自己就算是好人么？”这是她对：“人家邵顺宝待你多好，你还要挑个什么样的？”这种关切的回答。所谓小处模糊，是指沙桂英对于择偶标准并没有理出清晰具体的内容，她只能以父亲作为参照。在她的印象里，父亲的形象十分高大：“那是一个真正的人，一个顶天立地的男子汉、不屈不挠的共产党员。”她把邵顺宝与父亲作比较，觉得邵顺宝显然不是像父亲一样的人，所以并不是自己理想的人选。

从沙桂英的心理活动中我们可以看出，她的恋爱观是高尚的，并且也是理智的，她是把生活理想统一于事业理想的，一个为阶级利益的实现而感到幸福的人，决不会只把家庭幸福建立在个人满足的基础上。她和邵顺宝之间在生活理想和幸福观上都存在相当的差距，勉强凑合并非明智之举。然而，沙桂英身上更为可贵的东西还在于她的正直和善良，当她看到因为自己把信退还邵顺宝后邵顺宝极为痛苦的表现时，她的心里就越来越感到不安，觉得自己不应该如此粗暴地对待人家。她心里想：“我并不喜欢他，但不应该毁坏他，而是应该援助他。”于是她就采取了送书的方式来弥补自己的粗鲁。虽然这可能并不是一个最好的方法，但起码是体现了一种友情和关爱。这让邵顺宝沮丧失落的心理得到一些缓解，他更感觉到沙桂英是“那样的高大，就像一座陡然矗立在他面前的摩天大厦，他必须把头昂得很高很高才能见到顶端”。拒绝，但又并不伤害，这就是沙桂英恋爱观的表现，也是沙桂英身上人性力量的动人之处。

邵顺宝是《沙桂英》中一个不可缺少的人物，他是沙桂英的参照物。

没有邵顺宝的本位主义的荣誉观，就没有沙桂英的工人阶级的荣誉观；没有邵顺宝的市侩气，就没有沙桂英的大公无私；没有邵顺宝的圆滑俗气，就没有沙桂英的单纯可爱。但这也恰恰成为小说遭受批评的原因。有人认为沙桂英周围的人物不高，从而使沙桂英显得孤立。也有人把邵顺宝归入“中间人物”一类，认为作者不应花大力气来塑造这样的人物。

文学前辈魏金枝在为沙桂英形象作辩护时说了一段很有启发的话：“在有些同志的头脑中，总以为邵顺宝既然是厂党委和厂行政部门提拔出来的副工长，这提拔会不会还有失误，不然，为什么不把沙桂英先提拔为副工长呢？这种想法自然出于好意，但实在也过于天真。必须知道，凡是假冒为善的人，他们总是把假冒的部分，放在人们的面前，而隐藏了他们真实的部分。有的人不加细察便会以假作真。”[①] 这正道出了社会中普遍存在的现象，就是我们组织部门的失察或不察。相比千里马，我们更缺少的是伯乐，所以千里马和驽马就常常倒了巅。自私自利、善于表现的人往往更容易受到重用和提拔，而沙桂英这样大公无私的人却往往更容易不被理解而显得孤立。这不是作者把人物写得不高，实在是生活原来就是这个样子。

但是仔细阅读小说之后，我们又发现沙桂英并不是完全孤独的。她的举动不仅使新嫂子由嫉妒转为尊敬，而且得到了邵顺宝的首肯，厂里也依然把她的照片挂在厂门口，记者还把她的事迹写上了报纸……这就说明当时的社会毕竟还是一个前进中的新社会，先进的东西终将取代落后的东西，沙桂英不会永远孤独下去。

作者对邵顺宝这个人物的塑造应该说也是很成功的，这个人物的意义不亚于沙桂英。沙桂英是“新人”的典型，而邵顺宝则是“中间人

① 魏金枝《为〈沙桂英〉辩护》，《文艺报》1962年第7期。

物”的典型。邵顺宝式的人物在生活中属于司空见惯的那一类人。他年轻、有文化、有能力，也想把工作搞好，也爱慕沙桂英这样高尚的人，这说明在他身上也有不少向善的东西。如果不是把他与沙桂英作比较，我们甚至还可能认为他是一个年轻有为的好干部呢。而只是在沙桂英高大形象的映衬下，他内心深处的为个人打算的小心眼儿才露了馅。他觉得连续十个月不出次布的先进人物沙桂英出在自己的工区，是自己能力的体现，所以他不同意沙桂英与新嫂子掉换车子，他要保住沙桂英这面先进旗帜，他要保住工区的荣誉。而对于新嫂子这个老出次布的后进人物他并不是很在意，只要有了沙桂英，就足可以抵消新嫂子的拖累。即便是对沙桂英的爱慕，邵顺宝其实也有很市民气的内核：“他觉得女孩子再厉害，在丈夫面前她们总还是女人。她们在外面简直像个女皇，可是一到丈夫身边，却就变成个温柔顺从的小羊。”邵顺宝也觉得自己并不刚强，但他却不喜欢那种软弱无能、对男人惟命是从的女人，他喜欢那种能说能干有主见的女孩子，他宁可做一个惟命是从的丈夫。当然，那些性子过于刚烈的他也不喜欢，那会使他受不了。除此之外，容貌自然也是少不了的条件之一。在择偶条件这一方面，邵顺宝可以说比沙桂英成熟得多，他有非常具体的标准。当然所有的标准都是从利己出发的、从男性角度出发的，几乎看不到有什么现代的意识。像他这样的人，根本就配不上沙桂英，所以他的遭拒绝就是不足为怪的。

但是，邵顺宝又不是一个落后人物，他毕竟还是一个干部，他的所作所为充其量也就是利己不损人。要建设社会主义，就需要把邵顺宝这样的人变成沙桂英这样的人，这是十分必要的。因为单靠沙桂英这样少数的先进人物是根本建不成社会主义的。因此，小说的恋爱副主题最后又回到了正主题，那就是沙桂英心里想的：“我并不喜欢他，但不应该毁坏他，而是应该帮助他。”先进人物带动、促进中间人物，正是沙桂英精神上的又一闪光点。工人阶级的荣誉观和先进帮后进的思想使沙桂英成为当代文学女性形象中一个光彩熠熠的典型。

唐克新虽然在创作上取得了令人瞩目的成就，被公认为是最有代表性的工人作家之一，但是他却从未停止在政治思想和艺术方法上的探索。粉碎“四人帮”后，他开始反思工人形象的创作，他把关注生活的视野从工厂扩展到社会，从生产扩展到政治，用他自己的话来说，就是真正开始了学习马克思主义的过程。

“文革”刚刚结束，唐克新就创作了《李天王》。小说的主人公是曾被造反派十分看重的“接班人”宋志军。“文革”当中，工人出身的技术权威“李天王”田望塔被分派到宋志军的手下看管。身陷“牛棚”的田望塔却一边接受批斗改造一边指挥建设工地超大部件的吊装工程。这

* 纺织女工题材的美术作品

使宋志军经历了人生当中巨大而痛苦的心理变化：由自己管教的“走资派”到头来成了自己的崇拜对象，自己应该接的班不应该是造反派所希望的。小说的主要情节是，市委吴书记为了显示“文化大革命”的成就，下达了某次安装工程只许成功不许失败的命令。他们要让田望塔实际负责工程的指挥，而让宋志军担任名义上的总指挥，并且接受媒体的采访，显示出所谓“文化大革命”的成果。对此，田望塔无怨无悔，反而对宋志军说：“记住，社会主义是我们的。”改变了思想的宋志军却对着领导说：“你们口口声声工人阶级是主人，实际上你们不过是把工人当奴仆使唤，当跳板使用！当你们要实现自己野心的时候，你们就欺骗工人为你们卖命；当你们得逞的时候，你们就把工人当敌人，横加迫害！”说完之后，他去看望了在安装过程中为了排除险情而负伤住院的田望塔，他说：“这一次我不能再听你的了。你们这一代人有许多优点，但你们不应该把你们的忍耐和等待精神传给你们的后代！”

这是作者在经历了“文革”之后，通过严肃认真的反思得出的对于工人阶级人物特征的新观念。作者通过宋志军的话向整个工人阶级提出了一个严峻的问题：什么是老一辈工人身上应该继承的宝贵品质，老工人应该怎样地“传帮带”，应该把什么留给我们年轻的工人后代。

1980年，短篇小说《选举》在《人民文学》发表。这是作者反思工人阶级政治民主权力的一篇作品。在50年代和60年代，工人群众基本上只关注技术民主，不怎么关注政治民主。而到了“文革”时期，工人的政治热情又被野心家和阴谋家所利用，这对于中国社会的现代化是一个致命的弱点。这篇小说大胆地触及了社会政治生活中的敏感领域——干部选举。小说里面的机修工段要民主改选工长。从形式上看，完全是按照民主的程序，根据候选人得票的多少来决定由谁当选。可是实际的操作程序又无非是老一套，由支部委员事先找工人“谈话”，暗示他们投领导上确定的人选的票，最后，功德圆满地投出“庄严的一票”。小说主人公宋玉珍是党小组长，承担着使这次选举顺利进行的光荣使命。她虽然旗帜鲜明地反对部分工人的错误思想：“反正都是做工；你拿我当宝我就叫你得宝，你把我当草我就让你啃草。”但是她也感觉到这场选举真有些多此一举。

选举的那一天终于到了，采用的是非常原始的方法，选老工长老夏的就投下一枚螺钉，他是领导上看好的候选人；选小史的就投下一个螺帽，他是让领导头疼的青年人。宋玉珍一直是想着要站在领导一边、维护领导威信的，可是却糊里糊涂地丢下了一个螺帽。也不知别人是怎么想的，最后当选的居然是小史，而不是老夏。“又是一阵鸦雀无声。没有人鼓掌，也没有人欢呼，连咳嗽声都没有。”小说写了一个开放式的结局，这个选举结果到底算不算数，应该不应该算数，读者们可以去思考。作者正是运用文学的方式，参与到整个民族对现代化的思考中去。

1984年，唐克新为读者们奉献的反思形象是一个失去了威信的工人，这正是他创作的一个中篇小说的标题。小说的主人公是阿隆师傅，一个从建国初期就积极协助共产党军代表管理工厂，深受工友们爱戴的老工人、老党员、老模范。在家庭里面，他也是享有绝对威信的父亲和丈夫。然而，自从“文革”开始，他的威信就慢慢地失去。

阿隆师傅曾经同20多位劳模一起写过一张大字报，要保住当时的市委，他的理由很简单：“造反？造谁的反？现在不是共产党领导，难道是国民党领导？过去搞的不是社会主义，难道是资本主义？你知道说这些话的人究竟想搞什么主义？”可是这张大字报后来被说成是“镇压造反派的檄文”，阿隆师傅破天荒地成了一个跟不上形势的落后分子。这场斗争波及了家庭，家里也分裂成了两派。没过多久，被阿隆师傅“保皇”过的老干部转了弯，阿隆师傅也只好承认犯了路线错误。

再后来，考虑到阿隆师傅是老劳模，他又被“光荣”地结合进造反队，并且作为工宣队员派驻到一所大学。这个时候，他的妻子病在床上，三个孩子都未成年。他不得已又一次当了落后分子，向领导上求情，请求免于担负这“光荣”的任务。然而，在“个人的困难再大，在革命需要面前也是小事”的理论下，他的名字还是上了工宣队的名单。这以后，阿隆师傅遭受到身体和精神的双重打击，更为严峻的考验降临到工人阶级的头上了。在阻止学生武斗的过程中，阿隆师傅受了伤，妻子又因病去世。因为在批斗一位副教授的时候说了几句降了调子的话，阿隆师傅自己也接受了批斗，被调回厂里。

“文革”结束后，阿隆师傅的身上增添了好几处“污点”，什么历次运动都是整人的老积极啦，简直就像刺在心上的尖刀。可是，最让阿隆师傅痛苦的不是这些，而是考上了大学的大儿子思想上离经叛道，常常跟自己辩论。自己明明是非分得很清楚，可就是无论如何也无法说服越来越有思想的儿子，父亲的威信算是彻底地丧失了。最后，在心底里面深深爱着儿子的阿隆师傅，竟然把儿子从阳台上推下致死，成了一个杀人犯。

阿隆师傅是当代文学史上从来没有出现过的工人形象。小说的震撼意义并不在于暴露了“文革”中发生在工人家庭中的悲剧，而是在于揭示了工人心灵上最大的痛苦。过去曾经是最受社会尊敬的工人阶级，为什么会“被先进”、“被帮助”、“被提高”，又为什么会出现表面上先进伟大，实际上却失去了威信的情况。无疑，小说的作者无力回答这些问题。然而，我们需要的却并不是急于做出解答，而是继续打开人们的视野。这正像邓小平说的那样，我们这一代人解决不了的事情，留待我们的子孙后代去解决吧。毕竟，作者用他在艺术上日趋成熟的笔给我们描述了一段真实的历史，一段惨淡的人生，它属于整个工人阶级，它属于上海。解读历史是整个社会、整个阶级的任务。

四

迷人的风情

从题材的角度看，如果说其他工人作家写的是大陆文学、车间文学，那么陆俊超写的就主要是海洋文学。人类生活的范围，不是陆地就是海洋，但是比起大陆文学，海洋文学要薄弱得多。在世界文学史上，人们能举出一连串优秀海洋文学的作家和作品，比如英国作家笛福的《鲁滨孙漂流记》和《名盗谋劫录》，英国作家斯威夫特的《格列佛游记》，英国作家斯蒂文生的《金银岛》，英国诗人拜伦的《海盗》；法国作家雨果的《海上劳工》、《九三年》和《笑面人》，法国作家梅里美的《塔曼果》，法国作家儒勒 · 凡尔纳的《格兰特船长的儿女》海洋三部曲，法国作家比埃尔 · 洛蒂的《冰岛渔夫》，法国作家莫泊桑的短篇海洋小说；德国诗人海涅的《诗歌集》中第五部分的《北海》；美国作家海明威的《老人与海》，美国作家麦尔维尔的《白鲸》；苏联作家高尔基的散文诗《海燕之歌》，苏联作家诺维科夫 · 普里波依的《海上故事》等长中短篇海洋小说；日本作家小林多喜二的《蟹工船》，日本作家叶山嘉树的《在海洋上生活的人们》等等。

中国的海洋文学从古到今都很少，古代只有庄子的散文《逍遥游》，小说只有《镜花缘》上半部和《聊斋志异》中的一些短篇；现代文学中也只有冰心等人的一些零星描写，当代文学方面稍有建树。陆俊超是第一个海洋小说的专家，后来上海有张士敏以及兼写海洋小说的张锦江等人。在当代，海洋文学较为发达的地区是上海和福建，80、90年代之交的时候，上海和福建都举行过海洋文学讨论会。但总的来说，对海洋文学的研究和评论都远远不够。

海洋文学的特点有三个。第一是描写变幻莫测而又美丽得令人神往的大海的景色。第二是具有某种象征性的寓意。发生在海洋上的故事，无论是生还是死，都有某种人生哲理的寓意。第三是塑造英雄性格或者说是硬汉性格，而与大海和恶劣环境的殊死搏斗最能彰显出英雄的种种特征。我们阅读陆俊超的海洋小说时，可以看出中国50、60年代的时代烙印和他个人的生活经历，这使他的海洋小说作品也呈现出三个特点。第一是带有强烈翻身感的海上景物描写，第二是带有强烈爱国主义倾向的英雄性格，第三是带有社会主义意识的国际情怀。

陆俊超，1928年2月生于上海市崇明县的一个海员家庭，自幼随叔父在印尼、马来亚和新加坡一带侨居。叔父是教师，由于参加当地的反帝、反殖民主义的斗争，经常被迫在热带岛屿间迁徙。陆俊超在叔父的指导下，童年时代就大量阅读前辈作家张天翼的童话等书籍，养成了对文学的喜爱。他17岁上船当海员，1946年回国后在国民党所属的商船上工作，在水手舱里度过青少年时代。1949年解放时参加船上的起义，后来在中国和波兰合营的中波轮船公司工作，先后担任驾驶员、大副和

* 小说家陆俊超

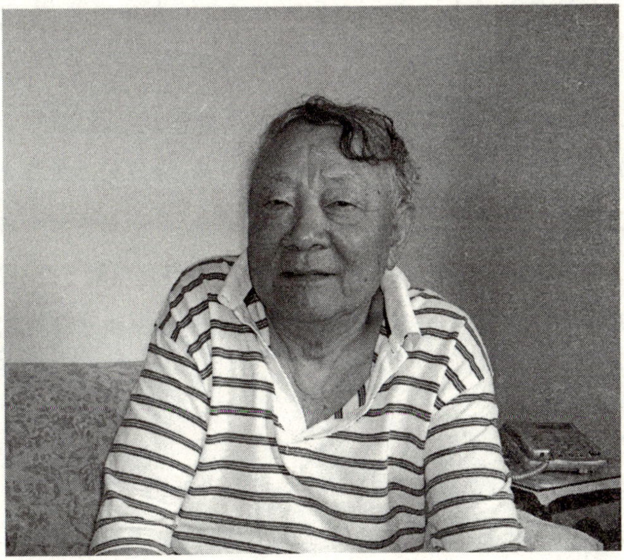

船长。1956年开始发表小说。

陆俊超的海洋小说打开了人们了解世界的一扇窗户，使人们看到了海外风情和海洋风光。比如香港的夜：

> 它就像一只破碎的万花筒。环山修砌的马路上奔驰着形形色色的车辆。山顶上的红灯和街上的霓虹灯把人照得眼花缭乱。从铜锣湾方向，海风送来了阵阵爵士乐声。

作者用“破碎的万花筒”的比喻突出灯光的迷人效果。环山的马路和建筑灯光则显示了香港独特的地形风貌，层次感十足，光和声又有着和谐的交融。在当时大陆只有劳动的美学一花独放的时候，看到这样的景物描写，确实会有一种陌生而又新鲜的感觉。

香港秋季的暴雨之夜有时是可怕的：

> 空气仿佛静止了。轮船烟囱里冒出来的黑烟，在空中形成了各种稀奇古怪的形状。远远望去，香港仿佛被无数的魔影笼罩着。当灰色的夜降临时，海潮突然响起了翻卷的声浪，紧跟在暴热后面的暴雨来临了。积雨云低低地压了下来，漆黑的天低得差点就触到了轮船的桅杆。风，在港湾上空疾旋着，暴雨把水面射成了一片麻点。乌云和雨雾把小山上的那座灯塔的闪光隔绝了，把香港九龙两岸的灯光隔绝了。视距越来越远了。附近抛锚船的灯光一下子也隔绝了。

在这一段里，我们看出作者不是把香港当做一般的城市，而是当做一个海港城市来描写，在写景时处处把港和船联系起来；写港为了写船，写船为了写船员。

作者还写了亚洲著名的海港城市新加坡的热闹景象：

热带的红太阳起身了，一露脸就放出了火辣辣的热气。这个被人称作东方直布罗陀的新加坡港，从昏暗中醒来了，被群山包围着的海面上，涌着波浪。九月，暴风——这里叫做“苏门答腊”风，又在港湾上空响起了沙沙的声浪，它把海水吹皱了。这个世界闻名的巨港，现在突然变小了。港内停泊着几百艘大小轮船，看去，挤得连转身的地方都没有。夜里，暴风一起，经常可以听到那些因走锚而发出的汽笛的惊叫声。因为害怕碰撞，轮船像惊破了胆的鸟群，钟声四起，笛声乱鸣。可是轮船还是源源而来。这里停泊着往来于中国沿海的太古公司的庞大船队；这里有定期航行中国的荷兰船队；还有刚从中国撤退侨民后弯进港内的英国客轮。那些在开往中国去的途中折回来的法国船呢，它们跟所有的难船一样，抱着一线再次东去的希望，成队地停泊在港湾的角落里。

在这里，作者突出新加坡港的繁忙和拥挤，以显示这个世界大港的复杂性，为即将展开的一场错综复杂的夺船斗争作铺垫。

在高纬度的波兰，琴尼亚湾的秋夜则是“披上了一层薄雾。从波罗的海吹来的海风，已经带有刺骨的凉意。不久以前，这个布满细沙的海滩还挤满着假日的游客”。各种异国、异地海港风貌都与上海港形成了对比，由此而产生的陌生感构成陆俊超海洋小说的独特意境。

陆俊超的创作冲动来自于强烈的翻身幸福感，他的风光描写也是站在一个新中国上海的远洋海员的立场上的，因此我们可以明显感觉到流淌在作者笔端的情感。在中国的南海上，“东风卷着云彩疾迅飞旋，大海飞溅着一片白沫。汹涌的浪潮冲击着南海上神奇弯曲的海岸线，冲击着绿色的岛屿和海角……海上，充满着一片动乱，浪涛互相冲击的澎湃声，一阵高过一阵。南海啊！它像母亲临盆时那样发出喜悦的呻吟，狂吼的风，像千万个喉咙在召唤，仿佛在替南海的儿子催生。”在这里，作者又是用两个比喻来突出海上风浪的声音的威力。

在长江和东海交接的地方，“蓝色的海水和带沙的黄水在这里互相冲击，谁也不肯退却，它们构成了一条笔直的疆界。当归航的海员们望见这条蓝黄色的疆界色，他们的心里便预尝到返家团叙的欢乐，而出航的海员们，就把这条交界线当做出征的标记。”作者用拟人的描写方法给读者介绍了江水和海水的奇妙的颜色组合，那就是上海海员眼中美丽的色彩。

进入直布罗陀海峡就是另一番景：

“成群的鲸鱼浮上水面，露出脊骨，像喷泉那样往上喷出水柱。地中海仿佛变成了一个美丽的喷水池，鲸鱼一直把我们送过马耳他岛。”这美丽的景象真令人向往啊！到了傍晚，“晚霞染红了天边。夜幕刚降落，月亮就从天边爬起，像一盏灯笼那样照耀着太阳。微风拂过，大海像一片蓝色的绸缎，闪闪发光。水面上偶尔闪起一阵鱼群游过后引起的涟漪。月光和星星的光带一直延展到我们的船边。大海是这样的沉静，只听见我们的船首劈开海水而发出的哗哗声。”

这当然是人类都能够欣赏的美的景物。但是陆俊超的景物描写里也有部分人文的美景，它们打上了浓烈的时代印记。比如“黄浦江，任何时候都是美丽而动人的。千百座小高炉、千百根新烟囱里的火焰，永远照耀着黄浦江，使黄浦江变成了一条金色的河流”。在今天看来，一个国际金融中心、国际航运中心的海港城市，江边矗立着那么多的小高炉和烟囱，简直是严重的污染和煞风景，又何来美感呢？不过，我们倒是可以从中窥见50、60年代景观美学中的意识形态内涵，毕竟那种洋溢着劳动气氛的动态的美与静态的美是不一样的。在陆俊超的心目中，那些带有大干快上的社会主义特征的景观符号是壮美的，但那些自然的景象也是美妙的，它们并不矛盾，他两者都爱。这就是陆俊超小说在题材选择上所具有的优势，因为他写的是远离大陆的海洋或是异域，就可以稍稍突破在写什么和怎么写这些问题上文学一体化的束缚。

陆俊超也写大海的怒涛和恶浪，却又用英雄主义的态度蔑视这些来自海上的危险。这反映出当时人们普遍重视精神力量的时代风貌。比如东海上的风浪"一浪刚过，另一个大浪紧随而来，浪涛把船涌向一边倒去。驾驶室内的抽屉滑落了，舵工摔倒了下去，船上一切活动的物品一起哗啦啦地往一边到去"。不过，年轻的"前锋号"船长杨志豪却用轻松的口气评价道："你以为大海在我们面前咆哮吗？不是的！你再仔细地听听，咕……咕……大海是在叹息啊！"

在南海：

风，现在又一次显示了它那骇人的威力，以卷走一切的气势在海上疾走，它卷起浪涛抛掷到"凯旋号"的甲板上。南海仿佛有意考验着这群水手的毅力。"凯旋号"像一把锋利的巨斧，劈开山一般的巨浪前进，被击碎的浪花在海面上闪射出一条白龙般的光带。

在印度洋：

强大的季节风吼叫着，扫过辽阔无边的大洋，朝亚细亚洲刮去！季节风在这里猖獗了整整一个月，深邃莫测的印度洋完全骚动起来了！喷着白色泡沫的排浪，像千万条张开巨口的大蟒那样，呼呼地向我们扑来！它把一万多吨的巨物高高抛起，我们的船好像变成了孩子手里的玩物。当被涌上浪脊时，凶猛的海浪简直要把船身折断；当跌入浪的深渊时，仿佛大海张开巨口想把船只吞噬……浪的澎湃声，风的呼叫声，这是海员们战斗的信号……呵，在风暴面前，我们的老船长恢复了青春，他的威武的神志使他变成了另一个人。在狂涛面前，从他的身上找不到半点慈祥的表情，出现在我们面前的只是一个征服者的雄姿。

陆俊超还描写了世界爱好和平的人民对中国人民的友好感情。在《鹿特丹港巧遇记》里，作者就写道："我"在鹿特丹的马路上遇到一个穿工装裤的荷兰人，他一边扬着手高呼：中国人、中国人，一边就把"我"抱住，用板刷般的硬胡子把"我"的脸颊刺得发痛。

中国是一个具有漫长海岸线的国家，又拥有许多天然良港，应该有发达的远洋航运和宽广的国际视野。但是，由于受文化传统和当时政治、经济、文化条件的种种制约，中国的远洋航运极不发达，中国对外国的了解也相当有限，海洋文学更是凤毛麟角。在这样的背景下出现的陆俊超的海洋小说，可以说填补了中国当代文学的一个空白。进入21世纪后，中央已经确立了将上海建设成为国际航运中心的战略发展目标，上海在造船业、港口机械制造业、国际集装箱运输业和洲际豪华邮轮旅游业等几个方面都已经取得了很大的成就，引起了国际社会的极大关注。但是，于此相匹配的文学繁荣并没有出现。从这个角度说，陆俊超的海洋小说具有无可替代的价值和地位。

当然，陆俊超的海洋小说也是时代的产物，他的文学创作与他个人的生活以及国家发生的翻天覆地的变化有着密切的联系。他在接受笔者采访时曾说，他心中的那种强烈的翻身感常常激动着自己，他所看到和听到的各种海员的苦难经历和英勇反抗的事迹又促使他要把这样的故事写出来传达给更多的人。所以他的小说中有大量与自然抗争、与强权者斗争的英雄举动和硬汉性格，而在描写中国海员时，这种英雄主义又往往是与爱国主义思想紧密交织在一起的。这就使陆俊超笔下的硬汉性格不同于海明威式的硬汉性格。

《海洋的主人》是陆俊超的处女作，主人公杨志豪是他塑造的第一个硬汉形象。杨志豪刚被提升为船长时他的内心并不愉快，因为他的耳边老是回想着无意中所听到的局调配科长对自己的评价："这样个毛头小伙子，怎么能把一只1千多吨的船交给他。"当他一下子跨上"先锋号"，受到船员们的热情欢迎，听到"船长同志"这个称呼后，他就从中获得了信任的力量。但是当听到老熟人、轮机长老罗称呼自己"小杨"时，他仍然老大不高兴，坚决要求对方改变习惯，称自己为船长。作者在小说开端并没有把杨志豪写成一个"小英雄"，而是从年轻人的实际状况出发，真实地描写他的心理，披露他对外在的东西的计较。随着情节的进展，小说就逐步展示了年青的船长在航行中成长、成熟、一点点变成一个当之无愧的英雄船长的成长过程。

在航行中，杨志豪十分注意培养和锻炼手下的年轻船员。实习生张幸看见巡视的杨志豪，痛苦地哀求说："船长同志，我晕得很厉害。"杨志豪爽朗地回答："站起来，挺起胸膛，拿出勇气，看看翻滚的大海。这一课在航运学院里是永远得不到的。你还没有真正地锻炼过。去，上露天驾驶台瞭望去。再到厨房拿一包饼干，吃了吐，吐了再吃，在上面晃上几个小时，你的平衡骨就会得到平衡的。不久，你就能享受到不晕船的幸福啦！"

面对巨大的海上风浪，工会主席提出把船开回长江口抛锚，等浪小一些再开航。杨志豪却说："还有什么比军事物资更重要的？它关系到我们国家的安全，关系到千千万万人的生命！难道我们不值得为这些去冒险吗？"然而，他说服了工会主席，却无法避免真正的危险，船尾水手舱进水了。他不顾舱内木凳、床垫、皮箱等物品的撞击，跌跌撞撞地摸索检查，终于发现两个舷窗被海风吹开，海水大量涌入。他便奋不顾身地几次挣扎、拼命才将舷窗扣紧，并指挥大家用水桶将积水排除。水手们凝视着这位勇猛的年轻船长，恐惧的心情得到了缓和。他们从船长身上获得了战胜风暴的信心和力量，大家排起队伍，用水桶传递，把积水全部排尽。船长杨志豪赢得了处女航的胜利。

这篇小说写了一个成长中的英雄。虽然杨志豪的生活和工作环境与老船员、老英雄相比有很大的不同，但是他也同样要经历与自然界的斗争和与人的思想、包括与自我思想的斗争。他之所以在处女航中就显出了英雄本色，赢得船员们的尊敬，是源于他的国家观念和使命感，这两种思想使他战胜了怯弱，激发出了英雄主义精神。

《九级风暴》是陆俊超的代表作之一，它描写了一场不逊色于海上九级风暴的起义斗争，很有传奇色彩。小说讲的是，1949年9月，国民党政府的万吨商船巨轮"凯旋号"停泊在新加坡港。在共产党领导的新中国即将宣告成立的前夜，巨轮何去何从，是离船上岸另寻出路还是随船开往台湾，成为摆在每一个船员面前的人生抉择。在地下党员、老海员李阿海和革命烈士后代、大副彭涛的鼓动带领下，大多数船员都响应了起义的号召。大家团结起来战胜了狂风巨浪，粉碎了国民党特务的抢船阴谋和反动政府向美国出卖船舶主权的卖国行径，把"凯旋号"开到了刚刚建国的广州，使这条巨轮最终回到人民的怀抱。

小说的故事情节十分跌宕起伏，一个困难接一个困难，起义的船员们要与国民党特务斗争，要与国民党官员周旋，要与港英当局交涉，要与美国商人对峙，还要用极大的耐心去争取胆小怕事的船长，去教育目光短浅的船员。在一系列的困难和艰险面前，作者为读者精心塑造了李阿海和彭涛两个人物形象。他们两个都是率船起义的英雄，但是，一个刚毅有谋略，一个儒雅有气度。几十年的海上生活使李阿海练就了一身的好本事，在船上他除了六分仪外样样活儿都精通。“一战”期间他在一条美国商船上闹罢工，曾被捉去罚做苦力。当他在墨西哥湾修筑堤坝时，就寻找机会潜水逃跑了。抗战胜利那年他从海外回国，参加了组织左翼工会的活动。国民党特务追捕他时，他正在“凯旋号”上，水手们把他藏进水柜送出了国。李阿海的传奇故事实在太多，所以大家就怀着崇敬的心情给他取了个“老水鬼”的外号。这一次，当他发现有些人打好了铺盖卷儿准备离船时，他就开导大家：“正因为我们当了一辈子水手，就非得喝上口甜水才甘心啊！”巨轮驶离新加坡后，他给大家指明一条光明路：“咱们海员，早在1922年就起来闹革命啦！这几十年里，我亲眼看到多少海员兄弟，流了血，丢了命，为的是一心一意要在自己的土地上，闹出个由我们工人当家作主的国家来，现在，我们这块土地愈闯愈大了。弟兄们，有胆的咱们就闯下去！现在，我们的生路只有一条：把‘凯旋号’闯到解放区去！我们回了家，又立了功！”然后，他沉着机智地组织了船上的海员纠察队，安排了各人的轮值岗位，并约定等大副彭涛与船长、轮机长谈妥后就召开全体船员大会宣布起义。在作者的笔下，地下党员李阿海真是有点神乎其神，英雄味十足。

船员大会的结果是一致同意起义。为了避开南海上来往船只的注意，顺利把船开往解放区，必须改换轮船的油漆，使“凯旋号”看上去像一艘外国的商船。可是这时的海风又一次显示了它骇人的威力，以卷走一切的气势把浪涛抛掷到甲板上。当只剩下桅杆顶上那一部分还未油漆到时，水手们只看见高高的桅杆随着船身大角度地摇晃着，甲板上的水手们都被摇得眼花缭乱了。就在这个时候，昏暗的桅杆顶上隐隐露出一个人影，挥舞着漆刷在替桅杆改装。大家惊奇地发现，这个人竟是李阿海。油漆完后，他爬到甲板，就像没这么回事似的走开了。由于特务的告密，国民党派出军舰炮击“凯旋号”。为了避免船毁人亡，李阿海果断提出改驶香港。接着，他又通过思想工作坚定大家的意志：“1922年，英国人压不倒我们，军阀看到我们也要让三分。现在是1949年，我们中国海员在香港要再一次显显威风。”然后，他就用长满老茧的手拿起红布和针线缝制起五星红旗。虽然他的手在不停抖动，线久久穿不进针孔，可是他弓着背坚持，一直到缝好旗子。

国民党一技不成又生一技，企图利用黑夜来抢夺轮船。为了粉碎敌人的阴谋，李阿海冒着生命危险砍开蒸汽管放出蒸汽，使打手们无法行动。在腿部受伤的情况下，他又忍着剧痛放出炉子里全部的水，使船无法开动。

国民党见武的不行又来文的，竟然挑起法律诉讼，声称政府债权尚未清偿，轮船的产权属于美国。为了打赢这场官司，李阿海又跑遍港内各国籍的轮船，向各国船员揭露美帝国主义的卑鄙阴谋，吁请他们以实际行动声援“凯旋号”的斗争，并发起组织了一个国际海员代表团，征集全港海员在抗议书上签字抗议香港当局对“凯旋号”的无理审判。

李阿海这个人物，在小说故事情节中是一个关键人物。他在轮船停靠新加坡港，海员们六神无主的情况下上了船，稳定了人心，阻止了离船行为，又提出起义的主张。在把船驶往解放区的途中发生变故时，每一次他都临危不惧，给彭涛出主意，把各种船员团结起来，化解危险。所以他就是迎接祖国解放率船起义的大功臣。作者精细刻画了人物的身世、性格和思想特征。李阿海经历坎坷，艺高胆大，交友广泛，豪侠仗义。他具有很高的阶级觉悟，对中外反动派有清醒的认识，对工人阶级翻身求解放的事业无比忠诚。因此他浑身是胆，智勇双全，就成了海员们的领头羊、主心骨。作者主要通过李阿海的外部行为、与彭涛的交流、与海员的谈心、集会时的鼓动、对起义事项的安排、危难时刻的挺身而出等等，比较成功地塑造了一个优秀的海员英雄形象，这个形象身上的硬汉性格和无产阶级的思想特征融为一体。

彭涛是小说中另一个重要人物，是船上地位仅次于船长的大副。他是香港海员工会罢工时牺牲的烈士的后代，工友们集体抚养他长大，凑钱供他读书学航海，所以他是工人阶级的航海家。由于出身的关系，他与船员们关系密切，在船上的威信其实高于船长。他在重大事情上与李阿海高度一致，合作无间。在专业上，他稳健娴熟，是航海界年轻有为的航海家和船长的得力助手。在事关轮船归属的法庭陈述中，他的海事法律知识起了关键作用，击败了英国法官的无理偏袒，捍卫了中国轮船的主权。但是，作者的主要笔墨用在了彭涛与船长的关系上。船长林德厚是航海界精英，也是国民党政府交通部的一张王牌，他的去留对濒临崩溃的国民党政府来说影响巨大。因此，作者写彭涛与林德厚的关系就具有一箭双雕的功效，既刻画了彭涛的儒雅型的英雄性格，又刻画了一个传统保守型人物林德厚的优柔寡断的性格。

彭涛是个富有教养的知书达理的知识分子，他的脸庞黝黑而富有男性美。由于林德厚长期患有风湿病，近几年差不多把领航重任都交给了彭涛。而彭涛则像一个智勇过人的骑士，牢牢地掌握着这匹1万4千多吨的巨大铁马，从中国奔驰到欧洲。林德厚惊叹彭涛的才能，到处赞扬这个得力的助手。因此两人之间虽然政治立场不同，但是私人关系和业务关系都很好。在率船起义这桩大事上，彭涛对林船长的期望是他支持起义，如果不能支持也应该理解和默许。所以当轮船停靠新加坡港后，彭涛对林船长就更加关心、照顾了。他陪林船长上岸散心，长时间地与他谈心，倾听他的苦闷牢骚，开导他的思想。彭涛庄重而又亲切地对林船长说："国民党的航运快要结束了，而新中国的航运马上就要兴起。我们要把船开回解放区去，'凯旋号' 是人民的财产，我们有责任把它归还给人民。林船长，你是中国有名的航海界前辈，希望你跟我们站在一起。" 面对这样殷切的话语，林德厚自然是难以拒绝的，但是他的思绪却异常错综复杂，对国民党他已经失却了希望，然而在这时候叫他去反叛国民党，他认为有违他数十年的为人。而且他对共产党也还怀有戒心，经过一阵紧张的沉默后，他终于无可奈何地选择了折中的道路，决定船到解放区，自己就告老返家。他颤声说道："彭涛，我反正是个半死的人啦，我已经与世无争，随你们怎么去闹吧，我这副老骨头能够早些搬回老家也就算了。" 在第一个回合，彭涛实际上已经取胜，他争取到了林船长的默许。

后来在轮船驶离新加坡，被迫改驶香港的一系列变故中，林德厚遭国民党官员威胁利诱，最终离船上岸躲避纷争。他的苦闷和愤怒有增无减，在经历多次痛苦的思想斗争后，他选择了逃离政治的折中道路。作者对林船长思想活动的描写十分细腻、真实，没有把他拔高成经过一番思想斗争后毅然决定弃暗投明、拥护起义。小说中的这种处理符合当时这一类人的实情。这样的写法也丝毫无损于彭涛的形象，反而更加显示彭涛的真诚、宽忍、大度和仁至义尽，也使彭涛的形象更有可信度。这种写法更无损于新中国的形象，因为林船长并没有反对、阻挠起义，所以轮船最终回到了新中国的怀抱。

刻画彭涛性格最重要的情节就是在港英政府的法庭上怒斥各种谬论，捍卫轮船主权的"舌战"。彭涛走上法庭首先打的是目光战。他先把严正的目光射向美国人杰克逊——一个图谋抢夺中国轮船主权的海盗式人物，使对方不禁打了个冷战。然后彭涛怒视出卖主权的国民党官员胡永谋，逼使他回转头去。彭涛面对法官庄严地陈述道："你们不论用任何借口都无权过问中国船海员的行动。中华人民共和国的国旗清清楚楚地升在我们的旗杆上。这已经是铁的事实！船舶证书上写着中国的国籍，这就是铁的证据！”随后，轮机长朱发友采用以夷制夷的战略，陈述“英国的法律早有规定，海员对轮船拥有自主权”。最后，在现场中外海员的一致声援下，国民党政府勾结美国人、利用英国人的法庭妄图抢夺“凯旋号”的阴谋彻底破产。可以说，《九级风暴》就是李阿海和彭涛的英雄传奇，是迎接新中国成立的海员英雄传奇。

在《姐妹船》里，陆俊超写了“建设号”船长曹子龙打破百年常规，首创黄浦江夜航的创举。要知道，当曹子龙向自己的师傅、老船长请教有关夜航的技术问题时，老船长曾教诲他说：“不要异想天开。我走遍了大半个地球，大家公认上海是一等港，是世界上最复杂的港口，潮流急，航道弯曲，帆船比鱼还多。无论哪一国的船长站在驾驶台上脚都会

陆俊超小说集《幸福的港湾》封面 *

发抖。大家都说英国是航海之国，他在上海管理了一百多年，把世界上最好的领港派来上海，可他们也从来不敢想到要在黄浦江上夜航。”可是曹子龙却是这样说的：“像我们这样的大船，假如争取黄浦江夜航，每年就能替国家多装好几万吨货呢。路是人走出来的，航道是船跑出来的。”曹子龙首创浦江夜航的动机就是要为国家多作贡献，他是和平建设时期航海界的英雄形象。

《惊涛骇浪万里行》里的老周是个快60岁的水手长，一个技高胆大的老英雄。他们的船在穿越好望角时，咆哮的巨浪刮断了捆扎锅炉的钢丝绳，这件运往中国的设备眼看就要落入海中。老周一边指挥水手拉保险缆，一边谨慎而机警地跳跃在寸步难行的甲板上，简直像猫一样地灵活，趁着浪的间歇准确而敏捷地把保险缆绕锅炉围上了十几圈，然后把缆绳的一端系在主桅上。巨浪凶狠地冲击着他，他咬着牙叫水手绞紧保险缆。当浪头上来时，他立即又下令伏倒，自己一个人用螺丝环栓系住钢丝，终于保住了锅炉。老周的英勇举动简直让船上的人都看得惊呆了。正如船长说的那样：“在最艰苦、最激烈的时候，老周好像变成了一头顽强的狮子，谁也阻挡不住。”当轮船经过72小时的不间断航行，顺利靠上湛江港，欢迎的人群都在为这次不平凡的航行欢呼的时候，老周却“在前甲板上细心地解开锅炉的保险缆。他用慈祥的目光久久注视着锅炉，又用父亲般的手掌爱抚着它们，他的嘴唇激动得哆嗦了，仿佛在说：到了，孩子”。这位老水手的力量源泉依然是强烈的爱国主义。

在短篇小说《劳动号油轮》里，作者写了一个英雄的群体。“劳动号”是一艘只有2千吨的小油轮，只要一刮4级风，船身就会被埋在浪里。船每次到港，停泊的时间也最短。小油轮靠在巨轮旁，简直像条小拖轮。在“赶美超英”的年代，有一天，一艘华丽耀眼的英国巨轮跟“劳动号”油轮系在了黄浦江内的同一只浮筒上，这一下就激发起了中国船员的昂扬斗志。二十几年前老轮机长黄阿毛就在英国船上干过活。他们吃尽了英国人的苦，受够了英国人的气，现在他们扬眉吐气的日子到了！他们决定要显一显自己的力量，跟那艘英国船比一比高低。轮机长用土法上马的检修工具来除油斑，工效提高了20多倍。一等水手又改装电风扇制成好几只电动除锈机，用这种土机器工作，就像端起冲锋枪，机器所到之处铁锈纷飞。连英国船上的船员都为他们喝彩。船员们辛勤地检修和改装，使小油轮的航速每小时提高1.3海里，超过了英国的6千吨巨轮，把“海上霸王”打下了阵去。再看“劳动号”外表的翻新速度，就连世界闻名的“格拉斯哥”船厂也达不到，英国船长禁不住连声称赞：“Ho！Chinese Seaman！”（哦！中国的水手！）不过，小说里体现的“超英赶美”的口号带有“大跃进”时期狂妄和短视的特点。

短篇小说《海的回声》是一篇惊险刺激的海难小说，也是一曲革命英雄主义的赞歌。小说写道，“勤俭号”在石球湾海域进行测量操作，当船上放出的两只小艇完成对浅滩沙嘴的测量，正要返回船上时，天气突然发生了变化，海上风暴袭来了。小艇被巨浪冲上礁石撞毁，4个船员没入海中。他们在海上挣扎了一夜，疲惫不堪。老水手天威师傅发现救生圈的浮力开始减小，已经无法承受自己和青年水手叶华山两个人的重量，必须依靠双腿的泅游才能把身子托起。于是他便毅然推开了救生圈。他相信改造和美化祖国海岸的愿望将会由年轻人来完成，他要把生的希望留给叶华山，使他增加获救的机会，而他自己却最终为此付出了生命。

第二天，风浪又把另外3个人冲上一个岩岛，他们又面临着饥饿和疲劳的折磨。当叶华山偶然发现一只由于小艇被撞碎而漂到岛上的饼干听后，水手长陈飞鹏便把饼干分成3份，却又把自己的一份留给了叶华山，以防恶劣的天气持续下去。夜里，3人并头睡在岩石上，他们想到舍身救人的天威师傅，心中都涌起了感情的狂涛。叶华山说：“我原先以为建设社会主义是桩轻松愉快的事。想不到它跟打仗一样，也要有勇气，也会有牺牲。”在水手长陈飞鹏的开导和鼓励下，大家终于坚持到天气好转，又利用岛上的遗弃材料扎成了木排，顺着潮流漂回了大陆。在改革开放之前，中国大陆的灾难小说极为稀少，全体人民都高扬着一种英雄主义和乐观主义的精神，在很多方面都对困难估计不足。“大跃进”的推广与国人的这种普遍的心理状况不无关系。而恰恰是在海洋文学这个领域，作者可以独辟蹊径，描写灾难。尽管结局一定是伟大的人民战胜了灾难，但是灾难描写的本身对于丰富人们的思维还是有好处的。

《台风》是《海的回声》的姐妹篇，说的是“勤俭号”完成了对石球湾海域的测量，石球湾正式开港了。“勤俭号”在开港日接到的第一个任务是抢在台风到来之前，运载厂方急用的生铁回上海港。“勤俭号”在开船后不久就遭遇了台风的前沿，年轻的船长朱焕明果断拟写了要求掉头避风的电文发给局里，可是局里的回电却是要“勤俭号”赶在台风到来之前进港。面对局里主观主义的调度，朱焕明没有盲从，而是再次跟局里联系，说明轮船不是处在台风边缘，而是正向台风中心接近，要求紧急调头避风。但是局里依然坚持要求“勤俭号”开航。朱焕明不由得暴怒地发出一阵责骂：“我要向上级控告这些不听现场意见、瞎乱指挥船舶的人！他们站在四平八稳的岸上，滥用职权。”

朱焕明本来无畏于承担“怯懦”的评价，想不理会调度的意见，仍然调头避风，却突然发现巨大的风浪已使舵工无法转舵，轮船只能向前行驶。在异常险恶的情况下，朱焕明及时地关怀和启发大家的思想。他对水手长说：“一个没有经历过大风暴的水手，就算不上是个好水手。”水手长又去鼓舞水手们的勇气，“大风暴正是考验我们意志的时候，在船上，依靠少数人的勇敢是不够的，必须依靠集体的勇敢，我们才能战胜这场风暴。”当风浪使船身倾倒，致使货物移动、使轮船失去平衡时，船长朱焕明带领大家冲进摇摆不定的货舱，搬起数十斤重的铁块，迈着艰难的步子，一块一块把生铁掷向一边。轮船恢复平衡后，朱焕明又重回驾驶台指挥轮船与风浪搏斗。在无休无止的紧迫状况下，朱焕明带领着他的"勤俭号"在海上杀出了一条生路。他连续工作了数十小时，眼睛红得像要喷出火来。大家也都因过度疲劳，嗓子沙哑以致无法交谈。轮船甲板被风浪扫荡一空，船栏和舷樯被撞断，露天驾驶台也被掀掉。可是风暴过后，朱焕明却一脸阳光地跟大家热烈握手，并在一片狼藉的甲板上与大家合影留念。

"勤俭号"终于把货物载回了上海港。局党委书记亲自到码头迎接，这时的朱焕明虽然一下子变得瘦多了，胡子长长的，却完全显示出英雄的本色。当书记表扬他时，他把荣誉归于集体，他说："能够踩上勤俭号甲板的都是好水手！带领这样的水手，我们可以战胜一切风暴。"这篇小说既是一曲英雄主义的赞歌，也是一曲集体主义的赞歌。同时，小说也带有批评管理工作中的官僚主义的勇敢精神。在颂歌高唱的年代，暴露矛盾，揭露黑暗都是要付出沉重代价的。陆俊超不是专业作家，他对文学界的事情不太了解，这或许对他的创作是个福音。他只是按照现实主义的创作态度以及自己对航海的经验去写，较少受到极端主义的创作戒律的干扰，使他的创作更天然纯朴。

国际主义是机器大工业的产物，也是全球经济一体化的产物。资本主义不仅培育出各国的无产阶级，也为国际主义思想创造了物质基础。马克思主义认为，工人阶级是全世界的、带有共同特点的阶级。恩格斯在《共产主义原理》一文中指出："单是大工业建立了世界市场这一点，就把全球各国的人民，尤其是各文明国家的人民，彼此紧紧地联系起来，致使每一国家的人民都受着另一国家事变的影响。共产主义革命将不仅是一个国家的革命，而将在一切文明国家里，即至少在英国、法国、德国同时发生。共产主义革命也会大大影响世界上其他国家，会完全改变并特别加速它们原来发展的进程。它是世界性的革命，所以将有世界性的活动场所。”①

世界上第一个社会主义国家苏联的诞生，极大地鼓舞了各社会主义国家和争取社会主义胜利的国家的无产阶级的革命斗争。社会主义和国际主义的思想在社会主义阵营内广为传播。50年代，以苏联为首的社会主义阵营比较稳固，以中苏关系为主，中国与各社会主义国家的关系十分友好。社会主义国家在政治、军事和经济上全面合作、互相支援，是陆俊超创作这一类题材小说的客观基础。陆俊超这一时期在中波合营的中波轮船公司工作，较多地与外国船员共事，也较多地感受到社会主义阵营内部团结合作的可贵，国际主义精神的宽广伟大。因此，陆俊超笔下的国际主义不是泛爱性质的，而是带有鲜明的社会主义色彩，它既包括各社会主义国家之间的互相支援，也包括各国工人阶级之间的互相声援以及与帝国主义、殖民主义和反动派的共同斗争。

《国际友谊号》是这类题材的代表作。故事的一些素材取自于真实的生活。小说写道，新中国成立后，波兰政府就帮助我国培养远洋船员，“我”被派到一艘波兰船上担任驾驶员。这条船上除了有波兰船长和船员外，还有希腊水手。在“我”的眼里，老船长马切也夫斯基是一位充满信心又幽默风趣的人，他把有外国船员在船上工作，看作是一桩特别荣耀的事情。船靠岸后他也不常上岸，总是从船头逛到船尾，抚抚这个人的头，又拍拍那个人的肩膀，问了他们的妻子，又问他们的孩子。他把水手当成了自己的亲人。

这条“国际友谊号”轮船在老船长的领导下，不仅承担起运送货物的

① 《马克思恩格斯选集》第一卷，人民出版社1972年5月版第221页。

任务，更成了传播友谊和爱心的使者。轮船在途经孟加拉湾时，老船长救起一位名叫阿里的马来亚遇险船员，并一直将他收留在船上，还送他到岸上的医院救治，而这位阿里竟然是多年以前“我”的救命恩人。“二战”期间，“我”在一艘英国商船上当水手，船在孟加拉湾被日本潜艇击沉，“我”也被关进槟榔屿的集中营。为了活命，“我”逃到一个小茅屋里，主人就是阿里，他收留了“我”。为了继续救出“我”在集中营的伙伴，阿里的脚被狼狗咬伤。可是多年以后的重逢，却并没有给阿里带来喜悦，他被重重的疑虑包围。不知这是遭受了刺激神经出了问题，还是其他原因。

在这样一个由四个国籍的人组成的小小社会里，一幕又一幕国际主义的动人画面出现了。老船长和阿里之间语言不通，可是老船长却时刻关心阿里，想方设法医治阿里的身体创伤和精神创伤。在通过赤道时，老船长精心安排了扮演海盗的传统风俗节目，以缓解阿里的情绪。在开往苏伊士运河的途中，老船长又故意把船偏向克里特岛，好让希腊水手由力克望一望祖国的海岛。在印度洋，轮船接收到了远在几百海里之外的一艘英国船的“SOS”呼救电报，有人提出不要去管，因为在这条船附近可能会有其他船只前去救援。可是老船长断然下令自己的船前往救援。经过一昼夜与风浪的搏斗，“国际友谊号”找到了那艘随波逐流的英国船。对方请求提供3百吨燃油和两个星期的食品，老船长不禁想道：“这是禁运物资啊！你们大英帝国为了想扼住我们的喉咙，即使在最困难的时候，也没有供给我们一滴油！”就是因为帝国主义对社会主义国家的禁运政策，“国际友谊号”不得不多装数百吨燃油，少装数百吨货物，船上的人都切身体会到一滴油和一滴血有着相等的价值。然而老船长想到“性命比油更重要”，还是答应了对方的要求。在救援证明书的后面，老船长郑重地写下这样的话：“我记得很清楚，‘燃油’这两个字在你们政府的禁运单上是放在最显要的地位的。我们并不等待你们政府解除禁令，但我们随时愿意向自己的同行伸出援助的手臂。朋友，我有一个小小的要求，你已经看到我们的海员如何冒着生命的危险，爬过钢丝缆去救援你们，你应该以远洋船长的身份，把这桩发生在印度洋上的事件转告给英国的海员兄弟。”英国船长柏克尔的答复是：“我万分感谢你们的船长和你们的全体船员。在禁运单上签字的是那些在战时躲在防空洞里的老爷们，我们英国海员没有在禁运单上签字，我们不承认它！”

最令人感动的人物是小说中的波兰船长。他是位国际主义者，他对“我”这个来自社会主义中国的船员亲热有加，对于其他国家的船员也是关怀备至。无论是对殖民地马来亚的海员阿里，还是对英国轮船上的海员，老船长都给予了深厚的人道主义的援助。特别是他把英帝国主义与英国海员严格地区分开来，并不因为英国政府对社会主义国家实行物质禁运的敌对政策而迁怒于英国船员，而是让本船海员冒着生命危险把对方急需的燃油和食品输送给对方。他惟一的要求就是把本船这种无私援助的事实告知航海界，让世人明鉴，到底是谁讲人道，谁不讲人道。同时，波兰船长的这种行动对“我”也是一次深刻的教育，使“我”认识到真正的国际主义精神是多么的宽广深厚。虽然船长并不是一个中国人，但是对这位船长思想境界的揭示和赞扬却显示了中国海员工人的先进思想。由于海员走南闯北的工作性质，他们的思想觉悟比在陆上工作的工人，在对国际主义的理解这一点上，是要高得多的。

超短篇小说《铁锤和镰刀》歌颂了中苏友谊。小说写的是20多年前，船厂的油漆工黄师傅还在英国殖民主义者开的船厂干活。在一个炎热的七月天，黄师傅在进行油漆操作时被晒昏了过去，跌下了船坞。他的腰跌伤了，手骨也跌断了，他立刻就面临残废和失业。可是没想到船上的苏联水手却热情地把他抬上船，大副像熟练的医生那样每天替他打针、上药、绑石膏，连一分钱也不收。后来这艘苏联船修好了，黄师傅的伤也养好了。这艘船的船体上有着铁锤和镰刀的标志，这让黄师傅激动不已。今天，在社会主义的新中国，当又一艘苏联轮船进厂修理时，黄师傅激动的心情难以抑制，他忘记了自己已经有20多年不上高空作业了，仍矫健地爬上烟囱，像一个伟大的艺术家那样在烟囱上漆出了铁锤和镰刀的标志。而在甲板上，他的第一、二、三代徒弟和苏联船员则一起张开手臂，组成了一张“安全网”。这幅奇妙的图画把附近修船厂的工人、码头上的工人和船上的水手们都感动了。这篇小说体现出苏联人民对中国人民怀有真挚的感情，他们用自己的行动宣传了苏联，宣传了社会主义，使社会主义在受剥削受压迫的中国工人阶级心中扎下了根。小说也体现出中苏友谊在中国人民心中扎下了根，中国工人阶级十分珍惜伟大的中苏友谊。

《惊涛骇浪万里行》讲的是1956年冬天，帝国主义发动的侵略埃及的战争切断了苏伊士运河。为了冲破帝国主义对社会主义阵营的经济封锁，中波两国海员开辟了中波航运的新航线。这条从波罗的海到南中国海的航线，从海上把社会主义阵营贯通起来。当船员们与狂风巨浪和寂寞难耐作斗争时，船上的波兰政委马茹尔就经常鼓励大家：“社会主义的经济市场正在我们这一代的手中建立起来，我们的远航是为了祖国，为了社会主义阵营的强大和繁荣。”因此，当绕道好望角把糖厂设备运往中国的命令传到船上时，大家发愁的不是万里远航，而是绕道好望角将增加数十天航程。大家担心是否能准时把设备运到中国。开航前，马茹尔政委就把标语挂上船舷：“机器就是力量，让它准时在中国转动，让它准时为和平转动。”波兰同志为按时将货运到中国作了动员令，还把港内的先进装卸小组、先进起重机手等都调来支援开航。

为了尽量缩短航行时间，水手长老周提出了节水建议，这样就可以不停靠开普敦港装水，至少省下两天时间。因此老周提议中国同志每天用淡水一桶，波兰同志每天用淡水两桶，因为波兰同志习惯于寒带生活，特别怕热。没想到却遭到了波兰同志的集体反对，他们说："我们的船名是叫'兄弟号'啊，你为什么总把我们当外人看待！我们从来是把中国看成是自己的兄弟。"他们提出波兰同志每天限用水半桶，中国同志每天一桶。自从发生这场争执以后，波兰同志仿佛就像约定好了一样，都用海水洗澡，洗完后也不用淡水冲。老周更倔，连澡也不洗。最后还是由政委下达了每人每天必须用掉一桶水的强制命令，节水风波才算结束。

"兄弟号"劈风斩浪绕过风浪咆哮的好望角进入南中国海时，收到海岸电台发出的警告：美国第七舰队将在南中国海举行大规模海上军事演习，两天内不准船只通过。这个消息震动了全船。大家征服了好望角的风暴，承受了18世纪的配水制，忍受了疾病，怎么能再忍受这种无理的要求？马茹尔政委激昂地喊道："全世界人民一定要反对这种侵略行为，这是中国的近海，我们是在公海上航行。我们奋勇前进的行为就是对破坏国际法的抗议。"船员们也纷纷表示："前进，我们决不在美国人的面前示弱！"美国驱逐舰开炮威胁无效，又出动了航母上的飞机，但这些都没有吓住中波两国海员。在炮火的间歇中，马茹尔政委唱起了歌："炮声引导我们前进，同志们，肩并肩向前进，勇敢一定胜利，勇敢一定胜利。""兄弟号"英勇向前航行，美国舰队终于被抛在了后面。轮船连续航行72天，在克服了无数困难之后，准时到达了中国湛江码头。波兰同志用他们不畏艰险、不怕牺牲的精神支援了中国的社会主义建设事业。

今天，当苏联解体，社会主义阵营已不复存在的时候，陆俊超的小说却保留着这一段历史。我们不能否认，陆俊超的小说中有过多的阶级斗争意识以及帝国主义和社会主义阵营之间尖锐对立的描写，使小说承担了过重的政治功能。但这并不是陆俊超在作假，而是当时的历史就是那样在发生着。我们无法抹去历史，我们只能尊重历史。描写历史是作家的事，而正确地认识历史则是我们每一个人都要正视的事。

五

阿拉是上海工人

新中国成立后，毛泽东和中央政府确立了对上海的城市功能的新的定位，具体内容是这样的：

（1）改变生产资料的所有制性质，新的社会主义生产关系要完全代替旧的生产关系。

（2）变畸形的消费城市为我国重要的工业生产基地。

（3）工业建设向高、精、尖方向发展，使上海成为国家新产品试制和新技术研究的重要基地。

（4）为国家积累更多的建设资金和出口换取的外汇。

（5）为国家培养技术力量。

上海市委市政府积极地贯彻落实中央的方针政策，使工业建设取

马骥的摄影作品《蓝天的期待》

得了飞跃发展，对奠定国家工业化的基础作出了重要贡献。改革开放之前，上海生产的工业品有百分之七十运往外地，在通往全国各地的运输线上，上海商品的调运不分昼夜地进行着。因此，宣传和描写上海的新的城市功能定位也就变成了上海工人作者的创作目标。

有很多上海人在提到上海人时，总喜欢在前面加上"阿拉"，说成"阿拉上海人"。"阿拉"与"上海人"两者之间构成同位语关系。用"阿拉"来复指"上海人"体现了上海人的一种城市认同，也就是以自己是上海人为荣。"阿拉是上海工人"的身份认同感则是政治性的，是基于对上海的工业地位、工业产品和对国家贡献的认同。他们认为上海人有责任展现上海的先进面貌，并且用自己的先进技术、先进产品和先进人才去支援全国。谁如果做到了这些，谁就是"的的括括"（好样的）的上海人，反之，他就是"坍了上海人的台"，给上海人脸上抹了黑，他就应该受到谴责。

福庚的短篇小说《上海人》的主人公，是两个支援外地建设的上海工人。一个叫小陆，为个人考虑得比较多。一个叫史老头，处处想到要维护上海工人的声誉。当史老头发现小陆从工地上拾来碎木材烧饭时，他就把木材捆扔到外头，还开导小陆："一个人不怕落后，就怕落后了还自得其乐！你做梦也想回上海，可就不想到为上海人增光。我前年刚去东北，有些同志一听到上海人，眉头就打结。我一声不响，做给你们看。不管老师傅的活儿，小工的活儿，拿起就干！虽然割过肺，20磅榔头敲几下，还是顶顺手。"这个史老头，他发明的钻架解决了人工打灌浆孔的问题；他修改的螺丝帽，节约了3万元人民币；他培养的30个徒工，个个出众。难怪新安江水电局王局长称赞他是"老英雄"时说："你解决了夏季浇捣大坝的一个难题。咱们新安江大跃进，保证提前一年发电，你这个贡献可不小。"

可是小陆对史老头的行为并不以为然，他对此地的评价是“这鬼地方，鬼天气”。史老头对小陆的这种消极状况很担忧，觉得自己“有责任使小陆认识到‘上海人’的荣誉”。于是，他一边陪小陆下棋，一边语重心长地说：“小陆，我们从小在一起，都是上海来的工人。王局长说得好，我们又是同一个时代的革命战友！做阿哥的啥地方错了，你尽管批评，可是你眼光千万要望得远，多想想别人，少想想自己。”小陆受到感动，终于也说了心里话：“不！你没错，我知道……可你那样急追猛逼，我受不了……”史老头看到小陆思想有了转变，也很高兴，他又鼓励小陆：“好兄弟，不要怕疼！上海人要处处经得起考验。我常常瞎想，这三个字不是一个包袱，也不是绊脚石，是一种责任感……”史老头的一段话说得小陆的泪水在眼眶里直打转。小陆终于把木料运到了木材加工场。

这篇小说写了两个上海人。一个是有责任心的、有责任感的，也就是具有城市身份认同感的上海人史老头。他的身上带有上海人的先进性：技术强、能力强、有奉献精神。另一个人小陆是所谓“精明的”上海人，但他只是小处精明，大处却不高明，责任心不强，有损上海人形象。在史老头的帮助下，小陆改正了不良习气，还参加了业余技术攻关活动。小说的结尾也体现了当时的重点建设项目要做到“全国一盘棋”的情景。史老头和小陆的谈笑声惊动了在黄昏里嬉闹的孩子，他们围过来，用南腔北调抢着叫“伯伯”，有个孩子要“上海伯伯”讲个故事。这使得两个上海人感觉到自己就像回到了学徒的年纪。他们摸摸孩子们的头，搂搂他们的脖子，亲切地说：“小官厅，小江西，小四川……给陆伯伯照应点门口，回头讲两个故事。”小说有一个欢喜的结局：一个好样的上海人终于带动了一个落后的上海人一同前进，于是他们就受到了外地人的欢迎和钦佩。想当年，上海工人的形象确实是呱呱叫的，上海工人生产的产品也是全国人民争相采购的抢手货。多么希望故景重现啊！

唐克新《上海的儿子》讲的故事发生在电车车厢。在上海的公交车上，两个上海人用对话的方式作了自我介绍。一个是“自豪的”上海人，他是一个电工，曾经为鞍钢、第一汽车制造厂的电厂等大工厂安装电气设备，还参加了两条中国最大的高压输电线路工程的安装。他的足迹遍及哈尔滨、吉林、丰满、抚顺、安东等东北城市。“整个车厢里的人都为这个不平凡的圆脸小伙子的谈话吸引住了，人们把目光集中到他身上，有的人在从头到脚地打量着他。小伙子似乎发觉了别人都在注意自己，说话的劲头也更大了。”正因为心里有一种光荣感和自豪感，所以在这个圆脸小伙子的眼光里，自己工作过的地方总是最美的。他说：“东北这个地方真是太好了！地方是那样大，那些城市都很漂亮很清爽……又说松花江是如何漂亮，又如何从吉林市内流过。”另一个高个的小伙子显然是“倒霉的”上海人，也就是“落后的”上海人。他的看法正相反，“那些地方，嘿，一到春天就刮黄沙，刮得昏天黑地的，真呛死人了。”“冬天下了雪个把月不化，经常零下20几度，冻煞人！有些城市什么都没有，白天要买一包香烟得跑一两里路。”

这两个小伙子的出发点完全不同。一个是从工作的角度看，认为自己贡献很大，自我满足度高，因而更多地体会到大自然美的一面。而另一个是从享受的角度看，认为生活上什么都不方便，自我满足度很低，当然就更多地感受到生活中种种严酷的一面。当小圆脸问高个子：“你后来为什么离开了东北呢？”高个子的回答前半截理直气壮：“因为我过不惯那里的生活。那时我身体也不好。”可是后半截却有点含含糊糊，“所以领导上要我回来了。”小圆脸立刻就听出了问题：“不会的！领导上根本不可能叫你回来，那里需要人！”高个子没有反驳，他“红着脸装作吐痰把面孔转向车窗外去了”。作者仅仅用了“红着脸”三个字就对这种“开小差”的不光彩行为表示了批评的态度，认为这不符合上海工人阶级海纳百川、无私支援的精神。

圆脸小伙子热爱东北，因为那里洒下了他辛勤的汗水，可是他更热爱上海，因为这是他生长的地方。当电车经过人民公园站时，他禁不住热情地向雀斑脸小伙子夸起了上海：“你看，这就是国际饭店！你看是不是24层，我没有骗你吧！”一会儿，小圆脸又把雀斑脸拉过来说道，“喏，这边是人民公园，那边是人民广场，哈，我出去的时候这些都还没有呢！”一路上，这个圆脸小伙子不停地向雀斑脸小伙子介绍上海，又向“我”介绍东北，好像他是一个义务宣传员，要让上海了解外地，又要外地了解上海。当谈到他们的工程时，小圆脸充满了骄傲，一车厢的人

赖城钊的摄影作品《繁忙的上海港》 *

都被他吸引住了。他绘声绘色地说道："这个工程确实是很艰难的。我们当时都互相保证：决不给上海人坍台。夜里冻得睡不着，我们就起来跳，从山下往山上搬材料……这个地方还多饿狼，有一夜把一个同志的耳朵也咬坏了！""我聚精会神地听他讲，居然连坐过了站头还没发觉。直到下了电车，这个小伙子的影子还在我的脑子里活动着"，"我"于是就给他起了个名字"上海的儿子"。

这篇小说同样用了对比的方法，写了两个人、两种不同的城市身份认同。一种属于上海工人阶级的思想意识；一种则是小市民的，非工人阶级的思想意识。一扬一抑，观点鲜明。

火车司机陈继光的小说《在同一条轨道上前进》讲了上海铁路工人无私支援兄弟省市的一个故事。作者开篇就欣喜地写道，上海机务段的火车司机们日夜奔驰在沪宁、沪杭线上，输送着南来北往的旅客，把我们上海生产出来的工业产品、农业用品和日用品运送到全国各地，又不停歇地把全国各地支援上海的工业原料及生活必需品运来上海。在一个夏日的早晨，休班的司机、副司机和司炉们正在上乘务员大课，派班员气喘吁吁地跑来说，局长打来急电，兄弟省份棉花遭了虫灾，急需装运农药灭虫抗灾。这时正好有三台机车的司机、司炉都在，他们呼地一下全站了起来，都争着要去担当这一趟艰巨而光荣的任务。

领导把这个任务交给了李天昌机组，他怀着激动的心情把机车开到车站，只见车站上停着长长的一列车。车厢里满载着一箱箱农药、喷雾器、化肥和排灌用的机器设备。装卸工人正在做着最后一道工作，把帆布盖在篷车上。这些物资都是在几小时内从上海各地的工厂和仓库里运送、抢装起来的。

列车出发了，一个个小站都闪让过去，每座车站都有一趟列车在给他们让出车道。李天昌想，今天这么多的列车停下来让我们，都是为了尽快把抗灾物资送到灾区啊。李天昌看了一下表，按运行时间，将要在前方站遇到2002次车。那趟车是专拉上海钢铁厂炼钢用的焦炭的，要是晚点，钢铁厂的化铁炉就要窝工待料。所以，这趟车一直就是“王牌车”，沿线别的火车都要让它，逢站必是绿灯，站站通过，从来不让别人。李天昌不由得猜测，今天会是怎么样呢？按道理说，2002次货载得多，要是在前方站一停，列车肯定晚点。自己的车一停，也要晚点，但是自己的车载货稍轻，后面赶一赶，还有可能赶上正点。因此，叫自己的车让停的可能性大。

这个时候，传来了调度员的呼喊：“你们在前方站通过，不停车。”李天昌怕自己听错，特意提醒调度员：“那2002次呢？”调度员的声音又一次传过来：“你们通过，支援外地要紧，支援外地要紧，希望你们保持正点，保持正点。”

那边2002次的司机胡大海从杭州站开出，一路畅行无阻，他们一班三个人心里乐滋滋的。随着轰隆轰隆的声音，列车过了枫泾，只要再过石湖荡，列车就顺坡而下从松江到龙华，一路都是平原了。到那时，气门一关小，煤就可以少加了。这时候，却传来调度员的呼叫：“2002次，你们在石湖荡停车！你们在石湖荡停车！”他说什么？三个人都有点不相信。“这一停，眼看任务完不成，上海等着焦炭炼钢呢。”“这一停，再启动，起码要多烧几百斤煤，省煤计划也要完不成啦！”胡大海听了两个伙计的嘀咕，一停下车就直奔站长室。等到调度员把缘由给他这么一讲，他就来了个“嗯，——啊？——噢——原来这样。”

当胡大海走出站长室的时候，李天昌的机车喷着烟云，夹带着煤灰，隆隆地从胡大海的身边飞驰而过了。胡大海不由得感慨起来，他想，为了整个社会主义的建设事业，我们上海有责任支援其他地区的建设啊！他记起了在国民党反动派统治时期，蒋宋孔陈四大财阀为了吃到阳澄湖清水大闸蟹，竟然专门派一只车头拉几节车厢，每天开一趟专车去装运大闸蟹，沿线的每趟列车都要停让……想到这儿，胡大海就更加明白了李天昌他们这列急运列车的意义了。

这虽然只是一篇情节非常简单的速写，但是作者写得非常清新疏朗，饶有情趣。而更为有意义的是，这篇速写向人们展示了上海人民的一种大气，一种风格。今天，虽然计划经济一去不复返了，但是上海人的这种精神不能丢。上海人在计划经济向市场经济转型的过程中曾一度丢失了这种可贵的精神，变得斤斤计较，变得小家子气，也丧失了外地人对上海人的尊重和羡慕。现在，上海又一次站在了新的起跑线上了，重温一下这些过去的作品，我觉得不无益处。不管是上海人的腔调，还是上海人的风度，总而言之，上海人应该有一种国际化大都市的胸怀，要用自己的实际行动赢得全国人民、全世界人民的尊重和喜爱。

徐锦珊《小珍珠和刘师傅的故事》结尾写道：在一个桃花盛开的季节里，刘师傅的脸上有着掩饰不住的喜悦和兴奋，他对小珍珠说："告诉你一个好消息，厂里接到一个通知，国家需要大批技术工人，到郑州、北京没一定。我们厂有四个名额，钢保一人，粗保一人，细保一人，修机间一人，自动报名，在上海集合学习一个月，然后再出发。当然，组织上要经过慎重考虑的，但我可不管这些个，已经坚决报名了。"小说所写的并非完全虚构，过去虽然也有不愿支援外地的工人，但是事实上有很多的工人是积极报名参加支援外地的。

新业电工机械厂楼耀颂的《测绘》，写上海的师傅为支援西北建设，要到外地一家工厂完成测绘任务。可是这家厂生产指标很高，不能停产。上海工人就夜里搞测绘，上班前又恢复原状，既不影响对方工厂完成生产任务，也使自己的测绘工作圆满完成。

周嘉俊的诗歌《我就要离开家乡》这样写道："可爱的边疆啊！ /在

我们的劳动下你将会变样。/地理学家们又要拿起他们的笔,/把新的城市画上。/我的第一个孩子也会讲:/爸爸,我真爱这个故乡!”在他的诗里,上海工人不是那种只会呆在安乐窝里的井底之蛙,他们有更远大的理想和宽广的胸怀。天涯何处无芳草,祖国处处是我家。

六

铁轨通向远方

轨道是世界上最大最长的琴弦
火车头就是那最有力的琴棒

陈继光，弹拨大地琴弦的人，上海铁路局机务段客车司机，1958年开始创作，1965年曾出席全国青年业余文学创作积极分子代表大会，被团中央誉为“又会劳动又会创作的典型”。他的创作以反映铁路工人生活的小说为主，兼有散文、报告文学和评论。

改革开放以前，陈继光的创作基本上属于行业介绍加好人好事。比如说，看了《红色火车头》，我们就知道了火车司机的劳动特点。小说告诉我们说，有人问过火车司机，一年四季，哪个季节开火车顶合适，司机们一定很难回答。春有淫雨，夏有烈日，秋天风沙，冬日冰雪，这些都是挡住列车前进的障碍。江南的春天是美丽的，可是下起毛毛细雨时，钢轨上就仿佛浇了一层油，火车头跑着跑着车轮就会不停打滑，来一个原地“踏步踏”，列车的速度瞬时降低。黑夜里若是下起滂沱大雨，平时照耀列车前进的、像一把利剑似的车头探照灯会被稠密的雨帘拦腰截断。列车前面的钢轨、路基、桥梁，有没有给洪水冲断？正在路轨上行走的农民、修路的养路工人，有没有躲开？车站上的信号灯显示红灯还是绿

* 卢治平的木刻画《筑路》

灯……一连串的疑问，像列车飞奔似的，会迅速地在火车司机们的脑海里闪过，一分钟也不能含糊，一秒钟也不能大意。在大风大雨中开车，司机要将半个身子探出窗外，任凭豆大的雨点扑打在脸上隐隐作痛，眼睛也睁不开。因此，当人们坐在平稳的车厢里谈天喝茶的时候，也就是司机们全神贯注辛勤劳动的时候。

陈继光还告诉我们，一个好的司机应该准确掌握距离，调节控制速度，保证列车准时到站，维护行车安全。沪宁线上KF1-17小组的张国铨就是一个优秀的司机。上海到南京沿路车站的月台上，哪儿有几棵草，哪儿有几朵花，全长在他的心窝里。有一次国庆节前，火车头在南京站挂上一列外国代表团的专车。专车的最后一节车厢里坐着一位头发花白、戴着宽边眼镜、颇具学者风度的老人。他一上车就在一张铺着雪白台布的茶几上放好一只茶杯。列车员以为他要喝水，赶忙上前殷勤地冲水，他却婉言谢绝，自己接过水壶，几乎将水注到和杯口齐平的地方。然后，他就漫不经心地看报、说笑，满杯的茶水他连看都不看。几个小时后，列车停在了站台，那位老者炯炯的目光随即透过厚厚的镜片仔细观察茶杯周围的台布，脸上渐渐露出笑容，激动地对着翻译说：太好了，太好了，车开得稳极了。张国铨司机就是这样，用自己过硬的驾驶本领为祖国争了光。

看了《在同一条轨道上前进》，我们一定能了解火车司炉是怎样地工作。要使蒸汽火车运行起来，火车司炉必须一刻不停地往锅炉里送煤，把锅炉里的火烧得旺旺的，蒸汽足足的，火车才能跑得快。送煤也是个技术活儿，要一会儿送一个正锹，一会儿打几个反锹，一会儿投一个平锹，一会儿又挥两个侧锹。撒进去的煤随着锹法的不同，撒布的情况也不同。有的呈现出点状，有的如一线，有的是一片。

看了《喷薄的朝日》，我们可以知道什么叫做扳道岔，现代京剧《红灯记》里的主人公李玉和就是一个扳道工人。别以为这个工作很简单，只是把道岔扳来扳去。道岔要是扳错就会发生脱轨翻车的巨大危险，一点都马虎不得的。如果列车要在站内停靠，扳道工就要把道岔手把朝前推，钢轨就顺着引轨岔向弯道，列车也就顺着钢轨弯进车站；如果列车需要通过车站，扳道工就要把道岔手把朝后一扳，引岔就密贴正线钢轨，火车就从笔直的钢轨上奔驰而去了。可是在建国不久的时候，在一些新建成的山区小站，扳道工还会遇到生命的危险，需要和野兽进行殊死搏斗。不过，在那个年代，环境一定没有现在这样糟糕，动物们还有生存的地盘。如果是现在的话，哪个扳道工要是真的遇到老虎，不知会高兴成什么样子，说明当地的生态环境没有遭到破坏。周正龙要是活在那个年代也不用去拍假照片了。

小说讲的是年轻的扳道工周继志经常在当夜班的时候碰上野狼。简陋的扳道棚外野狼在凄厉地嚎叫，绿莹莹的狼眼也在闪闪发光。周继志在老师傅的教导下早就掌握了对付它们的手段，首先是在精神上要战胜它们，对付野狼跟对付帝国主义一个样，不怕它，坚决跟它斗争，再抓住它的弱点，狠狠地打，胜利就是我们的。有一个夜晚，周继志单独值班，居然还碰上了一只老虎。“扳道房外，风在呼啸，兽在嚎叫。突然一阵狂风刮来，飞沙走石，打得板壁啪啪作响。他走到窗户边，只向外一望，就差一点大声惊叫起来：啊，老虎！是的，窗外真有一只黑斑、黄皮、跟牛犊那么大的猛虎在盘旋着。这时，那只猛虎也看到里面有人，两眼闪着凶光，一昂头，忽然直立起来，对准窗孔，张开血盆大口，一下扑了过来，直撞得板道房摇摇晃晃，木板格格作响。同时，哐啷一声，竹管筒掉在地上，茶水流了一地。可猛虎这一撞，倒使周继志惊醒过来：再过20分钟，将有一趟旅客列车通过！这时，他的心情由惊慌而变为极度的紧张，六一伯讲过的翻车故事，像闪电一样，一下子出现在他的眼前，使他全身立刻涌出一身冷汗。猛虎正在乱扑乱跳，忽听‘砰’的一声，闯出一个黑影来，不觉一惊，朝后一蹦。但随即又大吼一声，张开血盆大口，露出尖锐锋利的牙齿，猛扑过来。”结尾是可想而知的，英雄的扳道工吓跑了老虎，保证了列车的顺利通过。优秀的扳道工人不仅需要掌握娴熟的技术，还要有独立工作的能力和处变不惊的心理应变能力。看了陈继光的小说，从此以后，我就对扳道工人肃然起敬。

在陈继光当司机那个时候，火车都是蒸汽机车，司机和司炉都是整天和煤炭打交道，在人们的想象当中，司机一定都是大老粗。可是陈继光的文笔却十分清丽，景物描写也很有诗情画意，可见火车司机也有丰富的情感。比如他写火车开过上海郊区：

> 列车越跑越快，轮子越转越欢，开出了市区，驶过了近郊，广阔的田野展现在眼前。金黄的麦子已经收割完了，秧苗刚刚莳下去，整个田野一片葱绿色，一眼望去，大地如同一块巨大的无边无际的绿毯，而铁路就像是一把望不到尽头的长刀，把这绿毯裁成两截。田野里的秧苗吸饱了水，经阳光一照，暖风轻吹，又长高了许多。今年的稻秧长得多么茁壮，多么有精神啊！

这“多么有精神”的比拟用得真好，他把稻秧人格化了，只有热爱农村的人才写得出这样的句子。那时的工人和农民又是有着多么深厚的感情啊。工人把农民叫做兄弟，农民把工人称为大哥。在工人作家的笔下，工人农民一家亲。

进入新时期以后，陈继光的笔触变了，从以写铁路工作为主变为以写铁路人为主。过去那种抒豪情、写壮志的文风慢慢消解，更讲究对故事的叙述和对细节的描写，从一个文学的业余爱好者到一个作家的提升悄悄发生了。《醉车》依然是讲一个英雄的故事，但首先是主人公的外表已经褪尽了英雄的特征，其次是主人公的心理也不再只是充满荣誉感，而是回归一个普通人应该具备的道德。小说的主人公名叫杜亚明，年方18岁，却与趺坐在庙宇前殿的阿弥陀佛活脱活像，便得了一个弥陀亚明的绰号。1949年的春天，人民解放军进攻上海的炮声阵阵传来。一队国民党的溃军抓住了司炉工杜亚明，硬逼着他开动火车让他们逃跑。此时的杜亚明虽然煤锹挥得不错，司机开车的威风也领教过不少的次数，可是机车的气门却是从来没有拉过。几个横眉竖眼的士兵用枪顶着他的大肚子，军官又加上猛的一皮鞭，使得刚刚喝醉酒的杜亚明酒意吓掉了一大半。他只好坐上司机座，模仿着平时司机开车的动作，在不断的冲撞和震荡中勉强把车开到了一座桥上，就再也无法控制机车了。没想到，车子正好停在了解放军的前沿阵地，一车的溃军全部当了俘虏。

这真是无心插柳柳成荫，弥陀亚明莫名其妙地立了一大功，一个刚满18岁的司炉工，单身一人不仅帮着解放军俘获一车国民党官兵，还送来一个团的美式武器装备。面对这样充满传奇色彩的功勋，新闻记者自然不会吝啬手中的生花妙笔。并不十分聪明但也并不愚笨的杜亚明也隐约感到，一个光明的前景似乎正在自己的眼前展开。过去，他渴望当上司机，也知道有的人烧了20多年的火才当上司机。然而，这个农村来的孩子，还没有学会像曾经沧海难为水的人那样老谋深算，也不会像饱尝人世间甘苦的人那样反复权衡利弊。他只是对着师长说道："两个俘虏兵讲得有虚头。"记者的脸上流露出遗憾和惋惜。

写到这里，作者笔锋一转，把探头从杜亚明身上移到师长身上。师长是个久经沙场的战将，他是不是也和记者一样只有遗憾和惋惜呢。

读者欣慰地看到了师长更为深邃的心胸，"师长站起来，走到窗边，眺望着凸显在天穹的高楼大厦的廓影：这个城市就要解放了，这儿曾经是冒险家的乐园，是个大染缸……在和平的环境中，在明天的战斗中，也许，这个年轻人身上闪现出来的这种品质，正是一种强大的有生命力的抗菌素；也许，连这个年轻人本身，也还没有十分深切地理解他身上有着多么宝贵的东西。"杜亚明的工友黄酒倌听说了这一结局后数落道："你这个弥陀亚明，应该叫你糊涂亚明，你要后悔一辈子的！"杜亚明却说："如果我昧着良心说假话，即使鱼跳龙门，也会在心里难受一辈子的。"

这篇小说明显带有改革开放初期思想启蒙的意味。人们刚刚经历过那个纷繁喧闹的时代，在那个基本的道德和良心被踩在脚底、空虚而高蹈的政治教条充斥日常生活的时代，人们需要对行为者和评价者进行心灵的解剖。小说中的杜亚明是行为者，师长是手握掌控权的评价者。新的精神世界需要两者共同创造，而主动权往往掌握在评价者手中。作者意味深长地用解放战争时期的师长的口吻写道，这个城市就要解放了，这个城市需要一种有生命力的抗菌素。作者其实是在呼唤改革开放的年代民族良知的回归，欢呼"假大空"的消亡。人们从这个传奇的铁路故事中得到的就不仅是休闲的惬意，还有心灵的净化。

如果说，《醉车》给我们树立了杜亚明和师长两个正面的形象，那么，《绿灯》就通过特快列车司机于振飞的形象给人们敲响精神反思的警钟。于振飞，战争年代里一个抢任务快、冲锋快、夺取成果快的尖刀排长，在和平建设年代，又成了出色的特快列车的司机。他曾经先后8次创造旅客列车运行速度的最高纪录，因此赢得"飞车于"的美名。然而，就在纪念中国共产党建党60周年、也就是新的列车运行图实行的第一班乘务过程中，火车遇到了暴风雨，"飞车于"也似乎遇上了思想问题。

抢修队员们冒着重重危险排除车站的故障，保证了特快列车安全进入途中站。当车站值班员要求列车在信号灯抢修完毕后马上出发，全力赶上正点到达终点站时，“飞车于”却回答：“我们已经跑快了三分，如果晚点，这不是我们的责任……”

“飞车于”的回答像一声惊雷震得铁路局长心里发颤。他曾看着于振飞成长，他引领着于振飞一次又一次越过人生道路上新的高度。但是，短短几年的分别，就使得局长对当年的部下感到了从未有过的陌生。他心里想，“这十年啊，使多少正派的同志、善良的同志，甚至不少战争年代原来很英勇的同志，也学会了那种保护自己的语言和方法。战争年代的于振飞，一旦发现阵地出现了缺口或是险情，就会毫不犹豫地冒着枪林弹雨扑上去。可是，在这齐心协力、争分夺秒、排除困难实行新运行图的关键时刻，于振飞却首先想到如何保护自己。他的心灵也受到了十年动乱的污染，这是比自然界的迅雷更可怕的呀。”

结束“文革”后的思想界，需要揭示“伤痕”，需要反思根源，“破”和“立”同样需要，缺一不可。陈继光通过特快列车司机于振飞这个颇具象征意义的“破”的形象向新的社会敲起警钟。

《蝴蝶飞去》是一篇“破”“立”结合的小小说。主人公楚汉生1967年的时候坐过一列火车，有幸看到一个15岁左右的女红卫兵“呼”地跳上座椅，一手叉腰，一脚踩在桌子上，频频高举着拳头，呼着那惊心动魄的口号。就在她说着那电闪雷鸣的誓言的时候，一只色彩绚丽的蝴蝶被一阵风卷进了车厢，在少女的头顶盘旋。这个少女并没有领悟这“春天的使者”的启示，她怒目圆睁，猛然一击，将蝴蝶扑打在地板上，又狠狠踩上一脚。少女的这一脚，也重重地踩在了楚汉生的心上。14年后，楚汉生又在这趟列车上见到了那位少女——现在的女列车员。他从开启的车窗闻到了泥土的气息、禾苗和菜花的清香，开启的车窗还带来了飘飞的花瓣和美丽的蝴蝶。忽然之间，这只蝴蝶从人们追踪的目光中消失了。正当楚汉生想舒展一下双腿时，一只手挡住了他移动的左脚，“请您不要动”，楚汉生循着声音低头一看，原来那只蝴蝶正好落在自己脚边。只见女列车员小心翼翼地把蝴蝶捧到手心，走近窗口，她沉思了一下，又从窗口缩回了手。她带着一种爱抚的目光，低头细看这手中的蝴蝶。楚汉生明白了。如果在列车飞驰时把它送出窗外，它就很有可能被火车旋转的气流卷到车底。当列车抵达前方车站时，楚汉生看到了她在站台上举起双手，瞬间，她的手掌中就亮出了几点炫目的星光——那只彩蝶舒

* 下班的工人们

翼展翅在她的头顶飞舞了几圈，才恋恋不舍地飞向了大自然。

多么诗意的一篇小小说啊，14年的生活变迁教育了一个人，转变了一个人，真善美又回到了她的身上。作者截取了铁路生活中的一个小小片段，把社会生活的变化、把人的情操的变化细腻地展示出来。我们仿佛从蝴蝶的不同命运中感受到生活的春天正在向我们走来，当然，我们也应该称赞，作者从他熟悉的生活中提炼出了细节，也提炼出了精神。

中篇小说《1001公里》讲了一个宏大而惊心动魄的故事，情节繁复得多，内涵也更丰富。小说告诉我们，除了在十年动乱中可以见证大忠大奸，还可以在更多的场合和事件中检验一个人的信仰和道德的程度。探索一个人内心的因素也远比揭示外部政治的原因困难得多，小说家就应该把探照灯对准人的内心。这篇作品的主角楚汉春是领导们和群众公认的好干部，他在带领抢修大队修通怒龙江段被特大洪水冲毁的铁路抢修工程中指挥得当，身先士卒，提前完成了任务，受到铁道部的嘉奖，应该是当之无愧的。然而，楚汉春却从几位普通的抢险人员奋不顾身的行为中对照出了自己内心深处的私心，正是这个小小的私心酿成了大大的险情。于是，他鼓足勇气，在庆功会上坦白了自己心理活动的轨迹。这篇小说彻底颠覆了英雄人物“高大全”的模式，把人放到了结实的地面，把一个男人放在母子情、夫妻情、朋友情、战友情各种复杂人性的交点上，细腻地描写了他的忠孝观。是的，一个人，要是没有基本的孝道，他哪里会有对国家的忠诚；但是，一个宣誓要为共产主义奋斗终生的人，如果心里只有亲情，他又怎能带领群众去为事业而奋斗。

小说的故事开始于80年代的初期，楚汉春以最快的速度，带领一支800人的抢修队伍赶赴1001公里处。现场的景象使所有的人目瞪口呆：怒龙江的洪峰将这一段铁道冲得支离破碎，1001公里处的路基全被掏空，泥石流又把1001公里处的涵洞整个儿冲毁，界碑也被冲得不知去向。那情景简直比一场地震还要令人触目惊心。抢修队副总工程师佟士允下了这样的判断：这是一次毁灭性的破坏！

来到这个与自己的生命、爱情、事业都紧紧连在一起的地方，楚汉春的眼睛湿润了……1937年一个寒风呼啸、冰天雪地的日子，一个妇女在1001界碑附近的涵洞里产下一个男婴，楚汉春的啼哭宣告一个新生命的诞生，也宣告了她母亲的谢世。界碑成了他和母亲生与死的纪念碑。一直到成年之前，楚汉春都没有离开过怒龙江，他熟悉这儿的每一块土地和每一座山峰。

后来，他成了火车上的司炉工。1956年，铁道部邀请一支地质考察队来这儿进行地质考察，以便对原有的铁路干线进行整修改建。有一天，楚汉春的火车正经过1001界碑处，一头耕牛突然受惊蹿上了铁轨，虽然司机已经撩下了紧急制动闸，巨大的惯性却仍使列车向前奔驰。如果车轮碾上耕牛，又滑又韧的牛皮就会使车轮滑出轨道，致使列车颠覆。就在这千钧一发的时刻，一个瘦小的身影跃上路轨，用肩膀拼命地把牛顶出了轨道，自己却顺势倒在了轨道上。机敏果敢的楚汉春见此情景便迅疾攀上车头前的排障器上，俯下身子抓住那人的衣服，把那人提了起来。等列车停稳以后，楚汉春才把那人放下，这才发现，原来她是考察队的一个女队员。他们俩在1001界碑处传奇式地相识、相恋，后来她成了楚汉春的妻子。

再以后，楚汉春当了司机，又被选拔到大学深造，毕业以后，组织上还是把他安排到1001公里处。他接受了1001公里处改建工程负责人的任务。在设计改建方案时，为了保存这一块给了他生命和爱情的纪念地，楚汉春保留了1001公里处涵洞的原貌，还保留了只有一丈见方的涵洞的内径，保留了他出生的摇篮——拱形避水洞，保留了他母亲的葬身地，那座天然的坟山。在1001公里处，楚汉春也在自己的心田中建立了一块狭小的爱的领地。而这，却成为日后1001公里处的一个隐患。

只有一丈见方的拱形排水洞，经不起山体的滑塌，一旦形成泥石流，就不能立即宣泄。那一座自然形成的土山在大暴雨来袭时，就成了阻碍迅速排水的障碍。在1001公里处的地下，肯定深藏着一个巨大的、地质学家尚未发现的隐患，而楚汉春的内心，同样也隐藏着一个巨大的隐患。正是这两个隐患，造成了后来的特大洪水对铁路带来的毁灭性冲毁。当年，在设计改建方案时，技术人员佟士允曾经提交过另一个方案，那是参照了过早离世的老地质学家的建议而较为妥当的方案。但是那个时候，“大跃进”的浪潮正席卷全国，佟士允的方案被工程局以“少慢差费”为由而否决了。改建工程完成后，楚汉春一举成名，还被提拔当了工程局副总工程师。

在80年代的这一次异常艰巨的抢修工程中，楚汉春的妻子冒着坠河的危险带头完成了先期测量的任务。佟士允的独生子以志愿者的身份参加，并且承担了最危险的任务，险些丧失了生命。佟士允则像一位兄长、父亲般地爱护楚汉春，帮助他指挥好这次抢险整修的任务。每一个抢修队员也都克服了种种难以想象的困难，不顾一切地坚持着。所有的这一切，无不激烈地敲打着楚汉春的心灵，促使他反省，促使他坦白。在抢修任务提前完成后的庆功会上，楚汉春心情沉重地说道：“因为我的过失，国家遭受了那么多的损失，也使大家在抢修工程中经受了这么严重的磨难。我自责，我引咎，不应该给我授奖，我应该受罚。”

至此，作者就完成了对楚汉春这个好干部的感情升华、精神升华的形象塑造。像楚汉春这样在工作中掺杂一点私心的人在我们的生活中并不少见，而像楚汉春这样勇敢地解剖自己，勇敢地坦白自己的人却非常罕见。其实，我们也是从作品中的人物身上看到了作者的品位和境界，这是一种工人阶级的思想面貌和精神境界。工人阶级有着最宽广的胸怀和最崇高的境界，在冲破了极“左”思潮的禁锢后，工人阶级说真话、干实事的思想力量就焕发出了耀眼的光芒。

1984年，陈继光推出又一部力作、中篇小说《轨迹》，主角还是那个楚汉春，不过，这时的楚汉春刚刚升任了铁道部工程局局长，他又一次踏上了新长征的路途。他所面临的挑战是人的思想、干部制度和组织制度等，这比起之前在宝成铁路怒龙江1001公里处的抢险战斗所遇到的自然界的困难更加难以对付。这篇小说包含了改革文学两个阶段的所有特点：改革英雄和改革阻力的二元对立，改革英雄的大刀阔斧和保守势力的拼命阻挠；妨碍改革进程的深层次原因来自人们的思想——封建的官本位思想，以及错误的人才观和不合理的干部制度。因此，小说也就具有了双重主题，一是对党的改革开放路线、对大力开展社会主义经济建设的方针的拥护，对改革英雄的热烈歌颂；二是对阻碍改革和建设的种种负面的现象展开毫不留情的揭露和批判。

小说一开始就是楚汉春接受了任命，担任国家建设的重点工程——一条铁路新干线的勘探和建设工程的总指挥。这条铁路将把港口、矿山和重要的工业城市连接起来，并将在中国的大地上画出现代化建设的一个崭新轨迹。这项工程，国家投资20个亿，出动人员十万，计划铺轨800公里。楚汉春丝毫不敢懈怠，上任第2天，就花了两个多月时间，把已经开工3个月的800公里线路都跑了一遍，掌握了许多第一手资料。调查的结果并不像老局长黄鼎说的那样乐观。在新干线的关键段落青泥岭工区，楚汉春发现了令他吃不下饭、睡不好觉的恼人的问题。这是一种把主角置之死地而后生的开头法，目的是为了烘托出一个鲜活的硬汉形象。

这个工程处的处长莫文彬是个西瓜掉在油锅里，又滑又圆的泥鳅似的人物。就拿起名字这事来说，他简直就是绞尽脑汁。他的儿子生于庐山会议彭德怀罢官之时，于是他就给儿子取名莫学怀，意思是不要像那个倒霉的彭德怀。他本人原来是叫莫中华的，解放初期，苏联是中国的老大哥，那时他就改名莫斯科。1959年以后，他又改名莫跃进。1966年则改成了莫要武。粉碎“四人帮”后才改的莫文彬。为了迎接新局长兼总指挥的到来，他动用了400个工人在山体上竖起四条欢迎的横幅，又动用1000个筑路工人，每人一旗，爬山、上树、伐柯、绑了1000面小红旗。形象工程做得如此到位，而工地上的10台抓斗机却只有一台能够使用。工人们用“混、拖、稀里糊”概括了工地的情况。局里的抓斗冠军告诉楚汉春，自己在这里是“闲得发慌、生命暗淡、压抑消沉”。为了掩饰自己不负责任、指挥不当的错误，造成工地一片繁忙的假象，莫文彬甚至命令工人们把事先准备好的少量枕木运到某个地方藏起来，再当着楚汉春的面运回来，演了一出“原地运输”的闹剧。莫文彬的“变脸术”同样十分了得。他见了楚汉春，先是采用下级对上级的口吻非常尊敬地喊了一声“楚局长”。然后又以一种他乡遇故交的感情，动情地喊了声楚汉春学校时期的小名，眼圈还一红，让旁人感觉到他与楚汉春有着非同一般的关系。即刻又用工地处长的身份肃然地向总指挥汇报工作。这些描写显然是作者经历了“文革”乃至更长时期的生活磨练，在对纷繁复杂的社会万象和人生众相进行了认真思考后，对生活细节进行的巧妙提炼和加工。一个鲜活的对立面就形成了，楚汉春——莫文彬，二元人物的对立。

小说叙述的更为严重的问题是，在莫文彬工程段的勘查过程中，楚汉春发现了严重的渗水现象，说明铁路线路的规划区域很可能有地下暗河。如果真是这样，就会造成坍洞漫道，冲决路基的人为洪灾。毫无疑问，错误的工程应该立即停止，这一段筑路轨迹应该重新选择。莫文彬也应该撤换。然而，一切都是困难重重。

莫文彬早就从工程局到工程处布下层层人情的网络。工程局孙副局长是自己的岳父。老局长黄鼎虽然退下了局长岗位，可是仍然兼着党委副书记的职务，早已被顺顺溜溜的迷魂汤灌迷糊。党委书记钱衡是个最会平衡权力的人物。楚汉春想要把莫文彬撸下去，并非易事。另一方面，潜在的竞争对手——大学时代的高材生同学徐欢已经沦落为一个老态龙钟的山民。粉碎“四人帮”后，莫文彬担心具有真才实学的徐欢落实政策以后会对自己的官运前程构成威胁，唆使采石场的场长把徐欢派遣到了荒无人迹的地方，过着流放般的生活。因为害怕阴谋败露，又一不做二不休地把采石场场长调到几千里以外的西南三线小站。

楚汉春必须要在两条战线上同时出击。一是立即制止工程的错误施工，二是马上寻找已经杳无音讯，但是却对勘探工作最有发言权的徐欢来替代莫文彬。这两场战斗在工程局党委常委会上都搞成了僵局，13个人中的12个人投了票，结果是6比6。善于平衡的党委书记便以认识还未统一，等时机成熟再做讨论为由，阻止了楚汉春的出击。这是新时期文学中较早出现的、颇有水平的官僚主义者形象。

而在办公室以外的另一个战场，进展同样很不顺利。心地善良、不善于保护自己的徐欢，已经远离了正常生活。楚汉春带着他的秘书在山岭中苦苦地搜寻。细心的秘书在一棵棵枫树皮上发现了人为刻写的R字符号。循着记号一路找去，他们发现了一处山洞。这个洞里有一些干草和一张兽皮，一个石灶，一只铁锅，一捆树枝和一些块茎类野生植物。洞侧的岩壁上还有新近才镌刻上去的未来铁道的轨迹图，图的名称是“红叶岭Railway”。这是徐欢在凄风苦雨之时，云遮雾障的群山中独自勘探出来的新干线的轨迹图。他并没有怨气冲天地愤恨人间的不平，而是把他对祖国铁路事业的一腔热血化作默默无闻的勘探和资料的积蓄。

徐欢虽然找到了，但是两条战线必须同时取得胜利，否则就是同时失败。莫文彬也在做最后的挣扎，伸头一刀，缩头一刀，何不铤而走险，下一个赌注。这最后的赌注就是青泥岭峡谷，也就是楚汉春勘探出来的所谓盲谷。楚汉春和徐欢都咬定这儿是个盲谷，山体内蕴藏着巨量的地下水，莫文彬确定的铁路线正好打在地下河道上。谁能保证楚汉春不是借此先声夺人？谁又能保证徐欢不是以此哗众取宠摆脱困境？于是，莫文彬决定亲自率队开山打洞，只要打进山体50米而没有发生喷水，就说明他莫文彬没有错，而楚汉春和徐欢则是别有用心。那么，楚汉春就在两条战线上全都失败。

作者娴熟地把思想斗争与铁路建设天衣无缝地铰接起来，让人们感受到现代化建设面临的最大困难并不是科学技术的落后，而是思想道德的状况。小说的结尾在惊心动魄的险情中收束，当莫文彬亲自握着钻枪掘进到山体49米的时候，一股喷泉似的水喷涌而出，倏忽，又变成了飞溅激射的水柱，一阵令人惊恐的异声传来，像沉雷在滚动，像地壳在崩裂……接到工人报信的徐欢及时赶到，他推开了肇事的莫文彬，自己却被一块崩裂的岩石从身上碾过。心急火燎的楚汉春得到的医生答复是：徐欢垂危。

小说给了读者一个开放的结尾，楚汉春或许可以胜利，或许虽胜犹败。因为如果徐欢不能抢救过来，则新干线的重新设计一定得滞后，铁路现代化的实现也就不得不滞后。正是这样的一个并非大团圆的结局，显示了中国现代化进程的艰巨性和复杂性。铁路永远都是通向远方的，然而，铁路通向的是什么样的远方呢？作者让读者和他一同思考。

改革开放以后的力作《旋转的世界》，为陈继光赢得了1983年全国优秀短篇小说奖的荣誉。在这篇小说里，铁路司机的工作只是一个背景，作者通过巧妙的人物设计，试图探讨在现代化进程这个旋转的世界中，人们生活轨迹的变化以及它所带来的生活观念的变化。小说写了一个简单的二代家庭：54岁的父亲龙乾坤，上海铁路局老一辈的客车司机，大半辈子开的都是蒸汽火车；母亲黄春秋，家庭饲养场的饲养员，培育良种鸡的能手；34岁的儿子龙星云，波音707客机驾驶员；儿媳夏慧华，翻译。一个家庭就是一个细胞、一粒水珠，从他们那里，我们可以看到整个社会。

小说一开始就采用龙乾坤的视角，似乎生活的列车，在不知不觉中，已经驶向了一条有些陌生的新轨道。他，铁路司机——弹拨大地琴弦的人，他驾驶的火车奔驰在沪宁线上的江南大地。长江、太湖、运河，水乡网状的河道港汊，就像人体的动脉与静脉。农舍、城镇、工厂，聚集着忙碌的蜜蜂般的人群。四年前，蒸汽机车改成内燃机车，龙乾坤也开始换车。机车的速度快了，体力劳动的强度也大大减轻，但是缺少了那种叱咤风云的气概。龙乾坤习惯于那种大口吐着烟，大声呼着气，拔地如云地呼啸，地动山摇地奔驰着的工作状况。火车司机坐在火车头上，宛如一个骑兵指挥员，跃马金刀，千里驰骋。而如今，磁悬浮列车也已经问世。如果未来的交通工具也采用这样的列车，那么，从上海到北京1 400多公里的路程，只需要那么一小会儿！他不由得联想到一串数字，他龙乾坤，当了30多年司机，开了两千多趟列车，运送了两百多万乘客，总行程等于绕地球12圈半。他还驾驶过元首级外宾的专列。也就是说，两百多万人的命运，包括一些决定政策的领导人的命运，少则几小时，多则十几小时，曾维系在他的手里。这就是他，一个普通的中国人，在这个旋转的世界中做出的贡献。

现代化的交通，不仅意味着大幅度提升运输的速度，对于龙乾坤和他的老伴来说，更是开阔眼界的工具。以往，父母是当仁不让的家庭中心，尽管为此父母要付出许多艰辛。每天天不亮，黄春秋就要来到拥挤的菜场，去抢购当天的菜蔬。过去，龙乾坤每次跑车回来，她就下厨房，炒一盘鸡蛋，煮一点黄豆，温一碗黄酒。后来有了电冰箱，买一次菜可以吃上一星期。现在电冰箱里，鸡鸭鱼肉蛋都有了储备。加上儿媳善于出点子，要求大家研究菜谱，每人都要学会一道菜，就连从来不下厨房的龙乾坤也学起了烹调。有时候，每人都烧一道菜，各显神通，边吃边评，不知不觉中，中国传统式家庭餐桌上的严肃气氛被消解，一家人变得平等了。拉着整个家庭前进的人，好像是儿媳夏慧华。这样的变化除了造成父亲地位的下降，是否还会引起家庭的淡化呢，这让黄春秋有点儿担忧。

传递感情的方式同样也在悄悄改变。以前，龙乾坤下班回家，总是扔下一堆沾满油渍和汗污的衣服。一觉醒来，衣服已经洗涤干净，叠好后放在床头。穿上这身衣服，丈夫就会感觉到妻子的温情。黄春秋的手，因为碱水的浸泡和不断地搓洗，慢慢变得粗糙，缺少女性的柔弱感了，然而，正是这双手，让丈夫感受到妻子的爱情。现在，衣服被放到洗衣机里，旋钮一开，衣服就洗好了。人的感情会不会被旋钮所替代呢，黄春秋有一点儿说不清楚。

儿子与儿媳工作之余就是看书呀、交谈呀，写作呀、画画呀，还有弹琴唱歌学外语。他们传递感情的途径要比老两口多得多，内容也丰富得多，可是这一切属于他们儿辈。他们读过列宁的语录，列宁说，作为一个共产主义者，要用全人类的知识武装自己。夏慧华认为，当代青年，应该是具有“三全”的人：

全景——胸襟开阔，目光远大

全色——兴趣广泛，生活多彩

全才——一专多能，博学多才

在她的眼里，家庭是一个舒适的居家休憩地、高尚的陶冶情操地、欢乐的天伦之园。黄春秋的工作伙伴“上海好婆”多次赞叹过：“龙家姆妈，侬媳妇长得介漂亮，房子弄得介适宜，电气化介齐全，侬真是好福气。”但是龙乾坤夫妻的心理却是矛盾的。他们一方面为儿子找到这样能干的媳妇感到欣慰，另一方面，对儿媳的言谈举止又有些不习惯。他们虽然并不希望来一个低眉顺眼、唯唯诺诺的人，但是却从来也没有看到新媳妇的那种羞涩和柔顺。夏慧华一下子就把传统女性的“栅栏”统统拆掉，这未免让老两口感到太空旷。或许，犹抱琵琶半遮面才是恰到好处的。作者通过黄春秋这个婆婆，写出了无数个中国婆婆面对巨大的社会变革产生的微妙心理变化。

不过，黄春秋自己也在进步。有一段时间，她好像故意似的又拿起了几乎磨圆了棱齿的小搓板，放弃了洗衣机。可是不久，她又启用洗衣机了。她还在她的养鸡场用上了电器孵蛋，大大增加了产蛋量。但是，她坚持不用化学激素去催化鸡的生长。作者笔下的黄春秋真是一个了不起的妈妈，作为一个普通妇女，她在选择什么样的工作方式这一点上，明智而理性地选择了可持续的现代化方式。由此，我们完全可以说，她的判断力不亚于一个部长。这样的观念，这样的写法，是赞扬还是批评呢？其实两者都有。在急遽变化的社会里，积极因素和消极因素不断地在此消彼长地变化着，关键是我们的眼光要犀利，我们的头脑要敏锐，所以我们既需要赞美也需要批评。

火车司机的身份使作者的笔触总是联系着司机的视角，有时候，我们感觉到他写的好像不是龙乾坤，而是陈继光。只有一个沪宁线上的司机才会有对沪宁地区如此清晰的描写：

> 那是唯亭到苏州的段落。这一区段，只有三分钟的路程，全长6公里。在这里，以铁路为基线，由南往北，水路、公路、铁路、电路，像四条平行线。最外侧是古代的大运河，然后是筑于近代的沪宁公路和建于1901年的京沪铁路，在铁路的另一侧，是每隔50米一根电线杆连接起来的现代电路，就在这个区段的上空，当代的空中走廊——上海到北京的航空线也正好经过这里。

然后，作者就给了读者一个可以寻味的描写："每次开到这里，龙乾坤就会兴奋起来。如果龙星云驾驶的波音客机也是正点，那么，他们将在三分钟后，一个天上，一个地下，将处于同一航向的同一个切点。一刹那，龙星云可以俯看到父亲操纵的地下长龙，龙乾坤可以仰望儿子驾驶的空中长廊。一家两代人，也会在记忆中，永远保存这值得纪念的时刻……”

蒸汽机的发明，火车头的运用，使人类跨出了一大步。恩格斯在《英国工人阶级的状况》中就说过，蒸汽机是改变人类进程的三大杠杆之一。龙乾坤这个驾驶过蒸汽机车，现在又驾驶先进的内燃机车奔驰在中国最为发达的长三角地区的火车司机，他可以与驾驶波音飞机的儿子在空间的某一个切点相交。这个描写给80年代的中国作了一个绝好的象征，那就是，改革开放，走有中国特色的正确的发展道路，将会把中国带入高速发展的现代化。

七

驶向蓝色的海洋

海洋，生命的摇篮，地球的血液，风雨的故乡。诗人吟诵你，歌唱家赞美你，然而我们对你的了解又有多少呢？

——摘自一个海洋调查队员的日记

上海，即海上，曾经的一个靠海的小渔村，以海兴商，以商兴市，逐步发展成为一个国际大港，一个国际化大都市。上海不能没有一双海洋的眼睛和一副海洋的胸怀。上海的文学呼唤着海洋，呼唤着蓝色的工业文明，张士敏来了。张士敏，上海市南汇人，1958年从中国人民海军转业到上海航道局从事航道测量工作，是继陆俊超之后的第二代海员作家。他从海洋测量题材的小说起步，他对小说主题的开拓正像他作品中的人物对海洋的开拓一样，从海洋到陆地，一步步地向着社会的纵深、人性的奥秘展开。40多年来，他走南闯北，漂洋过海，但手中的笔始终没有停下，陆续出版了长篇小说《处女海》、《她在黎明前死去》、《黄昏的美

小说家张士敏

国梦》、《圈地》和中短篇小说集《虎皮斑纹贝》、《H号沉没之谜》、《牛仔女皇》等十多部作品。他的多部作品被翻译成英、法、日、韩等外国文字，另有多部小说被改编成影视剧。

在改革开放之前，张士敏的小说具有题材的独特性。处女作《在蔚蓝色的海面上》发表于1960年。主人公叫李强，20岁，一个佩着学员肩章的海洋测量员。主要情节：第一次承担福建前线某海区测量工作，李强把测量标志插在了另外一个山头，误差几百米。队员们怕完不成时间紧迫的测量任务，提出把李强退回去。李强的大眼睛闪着晶莹的泪花，他向大家保证："过去十个钟头才学会的东西，现在我要用一个钟头学会。路是人走出来的啊！"果然，他忍着晕船的痛苦，苦练测定船位的本领。一天深夜，他在梦中警醒，突然问组长："按照你的经验，船搁浅以后该怎样处理？"结果，短短一个月，李强就达到了二级测量员水平。如果有谁要把李强从队里调走，大家就再也不答应了。这是张士敏给我们描绘的新中国向海洋探测迈出的第一步，主人公的成长靠的是政治觉悟和勤学苦练所积累的经验。

1962年发表的《引水员》写的是新中国年轻的引水员林坚，他成功地把一艘世界著名造船厂建造的万吨货轮引进了上海港。这个"甲板上毕业"、水手出身的引水员比他的师傅幸运得多，尽管那位鬓发斑白、胸襟上戴着一排绶带和勋章的高级船长曾经怀疑过他，他却硬是在大雾天把巨轮引进黄浦江，又在夜里把轮船引导至指定码头，创造了浦江夜航的奇迹。而在26年前，林坚的师傅夏金标却只能在上海港引水签证单上看到这位船长写下的一行字：我们的船不要中国引水员。这是张士敏向新中国倾吐的感恩之情。

1973年发表的《海的呼吸》讲了海洋航道测量大队一老一少两个水文工的故事。老郝告诉小洪，中国是世界上研究海的呼吸最早的国家之一。如果说，海水是地球的血液，那么，潮汐就是大海的呼吸。波涛起伏的大海好比一个巨人在做深呼吸，这种呼吸无论对军事还是对经济都十分重要。老郝和小洪为了给一条新开辟的航道提供潮汐资料，在一座名为纽扣礁的名副其实的微小荒岛上足足呆了两个月。

这类小说从题材上讲是海洋小说，但从主题上看，与大陆小说并无区别，完全可以归入到颂歌的大合唱之中。它们是一朵朵大海的浪花，是新中国建设交响曲中一种独特的装饰音。真正体现出大海一样宽广的心胸和深邃思想的海洋小说出现在"文革"结束以后，并呈现出三种类型。

随着新时期文学大幕的拉开，张士敏首先创作的也是"伤痕"文学。《虎皮斑纹贝》写于1978年12月，是另一个版本的《伤痕》。《伤痕》里的王晓华为了跟"叛徒"母亲划清界限，决绝地从大上海来到东北插队。当她得知母亲是被冤屈的消息之后，她虽然急忙赶到医院想向母亲忏悔，可是病魔却抢先一步夺去了母亲的生命，给她心里留下永久的愧疚。这是用母女情来写政治，侧重于批判政治阴谋集团对老干部的迫害。批判的基点是诬陷，即王晓华母亲并非叛徒，因而使王晓华的"划清界限"呈现出极端的幼稚，而她所遭受的种种歧视和不公也就令人同情。《虎皮斑纹贝》写的是男女情。海洋测量员齐林和绘图员方丽丽在南方海域的测量工作中产生情愫，又在一次突如其来的海事危难中生死相依确立爱情。齐林的父亲也在"文革"中成了"叛徒"，而且"畏罪自杀"。于是两人的爱情就被方丽丽父亲一顿丰盛的晚餐和一番严肃的"开导"给扼杀了。小说的高明之处在于作者并没有写到齐林的父亲被诬陷，这就真正触及了"文革"中盛行一时的"血统论"。小说的可贵之处更在于齐林的母亲对儿子婚事的受挫并非忍辱负重地接受，而是奋力抗争。她给方丽丽写信说："退一步说，他真是一个叛徒，可这与齐林——我的儿子有什么关系呢？齐林他生在新中国，长在红旗下。18岁他就参加了工作，十多年来，他把自己宝贵的青春献给了祖国的海洋测量事业。这样一个青年，他为什么不能获得爱？又为什么不能爱别人？”诚然，她的勇敢出于母爱，但更是出于对真理的追求。这表明，即使是在白色恐怖的高压之下，人民也并非只有沉默。只有像方丽丽的父亲那样的卑鄙小人才会对齐林说出那样冠冕堂皇的话：“我知道，你们的爱情是很深的，可是我要提醒你，在我们国家里，爱情同其他事物一样，也必须受到社会、阶级和路线的制约。咱们坦率地说吧，在我们社会里，一个人能靠所谓纯洁的爱情过日子吗？回答是不行的。靠什么？靠工资、靠职务、靠组织的信任，靠美好的前途。”

这是赤裸裸的小人哲学、市侩哲学。在“文革”这个是非颠倒的时代，爱情是多么的短暂而脆弱。齐林在无奈之下只得把送给方丽丽的定情之物虎皮斑纹贝扔进了大海。这也是一个悲剧的故事，但是这个悲剧引起人们思考的并不是反党集团的政治路线，而是人们头脑中普遍存在的思维定势——出身论。仔细地对比一下，我们就可以看出《伤痕》与《虎皮斑纹贝》的不同之处了。王晓华的母亲如果真是叛徒，那么王晓华的悲剧就无从谈起。因此，《伤痕》的批判建立在对阴谋政治的批判，即对老干部的迫害。而《虎皮斑纹贝》则是假定齐林的父亲是叛徒，齐林母子不信“出身论”，齐林还想努力维护纯洁的爱情。齐林的悲剧不在于有什么样的父亲，而在于有什么样的丈人，有什么样的恋人。说到底，在一个政治异化的年代很难找到真正的爱情。最可悲的不是齐林，而是爱情。齐林和方丽丽如果都讲“务实”，可能都会有自己的婚姻，都有“前途”，只是爱情没有前途，这是多么深切的悲哀啊！这就使小说既冲破了爱情描写的禁区，又超越了爱情的简单化描写。没有比爱情描写更能揭示出社会思潮的真相了。小说发表在《人民文学》，并被改编成电视剧，获优秀电视剧奖，读者和观众都喜欢这样的作品。

1979年2月，张士敏写了《选择》，这也是一篇耐人寻味的爱情小说。远洋船员林浩和中学教师舒侨相爱了，他们相爱的共同思想基础曾是对革命的激情和对事业的热爱。问题恰恰就出在对革命的激情和对事业的热爱上面。在那个扫除文化的"革命"年代，文盲加流氓式的教育变成了"革命"，舒侨断然抛弃了这样的激情而代之以冷静的文章《对当前教育工作的一些看法和意见》。担任了船长的林浩对舒侨这种勇于探索的精神害怕了，他试图用"出头椽子先烂"的道理说服舒侨，但是他没有成功。舒侨果然因反革命罪而遭逮捕并被判处7年徒刑。李大钊先生1916年就在《每周评论》上发表了题为《危险思想与言论自由》的著名文章，指出人们的思想应该具有绝对的自由，"思想本身没有丝毫危险的性质。只有愚昧与虚伪是顶危险的东西。只有禁止思想是顶危险的行为。"然而，"上面"却逼着林浩作出艰难的选择：要么保住事业，留在船上当船长；要么忠于爱情，离船或转岗。这完全是一种专制和霸道的行径，受伤的依然是爱情。在组织的安排下，林浩和一个纺织女工过上了没有爱情的夫妻生活。粉碎"四人帮"后的一天，林浩的面前同时出现了两个女性。

这是另一个版本的《我该怎么办？》。陈国凯《我该怎么办？》里的女主角是子君，在庆祝粉碎"四人帮"的鞭炮声中，她要面对的是从监狱里出来的英雄的前夫和患难与共的救命恩人、现在的丈夫。于是，小说的矛头就指向了命运，被丑恶的政治左右了的命运，命运之手带给子君无法破解的难题和永远的心灵伤痛。《选择》指向的是林浩的内心，林浩究竟懂不懂爱情，有没有爱情。面对出狱后的舒侨和怀孕的妻子，林浩羞愧难当，无法抉择。而舒侨却发出了清晰的回应："你不能再作一次错误的选择！"舒侨抱起自己的女儿离开了林浩的石库门房子，身后传来林浩的仰天长啸："天呀，我恨！我恨！"是的，林浩应该悔恨，应该反思，应该自己来医治精神上的软骨症。小说也写爱情，它歌颂了舒侨高尚的爱情和宽广的人性。但是小说却摆脱了政治加命运的模式化的感情宣泄，使思考上升到人性的理性的高度，并以此来呼唤纯洁美好的爱情。小说在《解放日报》发表，同样被改编成电视剧，并获得优秀电视剧奖。

张士敏的第二类小说是以海洋生活为背景，探讨科学的人才观，从当代文学史的角度看，属于"反思"文学。《SOS！SOS！》1979年10月发表于《上海文学》。同年，张贤亮发表《邢老汉和狗的故事》，用沉重的笔墨描写"上面"以莫须有的"政策"剥夺一个普通农民微乎其微的生存权利以致其死亡，控诉了极"左"路线对人权的践踏。同年，方之发表《内奸》，以幽默的笔触和调侃的方式告诉人们，隐藏在革命队伍里面的利欲熏心的"内奸"总是错误路线的积极推行者，他们的倒行逆施对我们民族造成的伤害远远大于"奸商"对个体消费者造成的损失。次年，谌容发表《人到中年》，用一个中年知识分子的猝然病倒，呼唤正确的知识分子人才观念，呼唤党的人才政策的阳光雨露早一点洒满中国大地。这一两年是"反思"文学蔚为壮观的年份。

无论是远洋航海抑或是海洋勘探，人才都是第一位的，没有正确的人才观，没有海洋伯乐，中国的海洋事业将只能是一种空想。因此，在如何看待人，怎样使用人的问题上，对新旧思想的激烈冲突的描写，其意义往往大于对远洋航海、远洋勘探重要性的描写。《SOS！SOS！》讲了一个人为造成的海险事故如何发生、又如何被排除的故事。小说写道，粉碎"四人帮"后，"希望号"要重新选配船长，人选有两个。海洋测量勘察局党委书记项田力推马志杰。马志杰毕业于海运学院驾驶系，出身贫农，根红苗正，1968年清队时被工宣队看中，调到局清查办公室，后来作为技术人员归队回船。勘察处长兰东主张提升现任大副朱海云，朱海云是马志杰的大学同学，业务上很有一套，因为他是归国华侨，有“海外关系”，“文革”中被打成“特务”，审查了好几年，前不久才获得平反。

人才的天平倒向一以贯之的“政治第一”，项田的话斩钉截铁：“业务固然重要，但是不能丢了政治。作为共产党员，党的领导干部，我们还是要举旗抓纲，千万不能迷失方向。”兰东太熟悉这样的论调了，但是他依然迷惘，究竟什么才是真举旗，举什么旗？抓什么纲？这不仅是小说中人物向另一个人物发出的疑问，也是作者向整个社会发出的疑问。为什么我们举旗抓纲了30年，与世界先进水平、先进技术的差别却越来越大。这样的旗和纲是发挥了可贵的人才的作用，还是压抑了人才，延缓了国家建设的发展？

马志杰上任后即接到一个任务，协助某部队寻找一条失事的潜艇。项田郑重地向他布置说，为了防止泄密和其他意外，离开码头之前不得把航向、目的地和任务向任何人透露。开航以后，马志杰才召开船员大会，他滔滔不绝地从揭批“四人帮”肃清其流毒，讲到实现“四化”的伟大意义，最后才讲到这次的任务。朱海云没有听他讲完就离开了会议室，等马志杰赶到他的房间逼他说说心里的想法时，他说了这样的话：“四化是全国人民的四化，四化是要靠人去干的，既然这样，你们就要信任人、尊重人。”对这样的回答，马志杰不以为然。

马志杰和朱海云，既是老同学，又是同行和竞争对手。房间里的嘴皮子竞争，朱海云无法战胜马志杰。看上去蔚蓝而温柔的大海才是最后的裁判者。第四天，轮船就探测到了那条潜艇沉没的位置，马志杰命令水手抛设浮标，在海图上标好方位，然后高兴地给项田书记发出了提前完成任务的电报。然而，根据气象报告，附近海区将有十级大风。马志杰为了抄近路赶时间，挑选了红沙水道，没想到却驶入了“诸葛亮的八卦阵”，被困在了原地。因为马志杰对业务已经不熟悉，他带的海图也是过了时的。要是朱海云和其他人知道这次的任务和要求，这样的事情是绝对不会发生的。

就在大家等待海水涨潮寻求脱险机会时，马志杰和朱海云才有了倾心的交谈。马志杰回忆说，以前，“跃进号”也曾经接到一项重大政治任务，每一个船员都经过再三审查和挑选。可是领导上还是不放心，直到临离开码头，除了船长和政委，大部分船员都不知道船要开到哪儿去，弄得忙忙乱乱，漏洞百出，最后不幸触礁沉没。周总理在处理这件事时说了一句话，“疑人不用，用人不疑”。这个时候，他们两个人的心才终于想到一块儿了，他们带领船员们与大海较量着，角逐着。就在快要看到胜利的曙光时，船上的舵角指示器突然失效，“希望号”就像拳击台上被击败的选手，只能一步步后退。他们不得不发出国际海上遇难时无线电的求救信号SOS。

“希望号”得救了，朱海云却落入了大海，马志杰和船员们撕心裂肺地呼叫朱海云的名字，回答他们的却只有大风和巨浪……上岸以后，马志杰竟然对着项田书记发出一声狂笑，他说：“书记同志，如果你到大风大浪里去闯一闯，你就会明白，哪些是错误的，什么该批判！”说罢，他冲到海边扑倒在冰凉潮湿的沙滩上流着泪喃喃地呻吟：“海云，朋友，告诉我，你在哪里？你在哪里？”

小说结尾处的这一声声呻吟也敲打着读者的心灵，为什么人们强烈地、急切地盼望实现四个现代化，可是四个现代化却迟迟没有实现。为什么明明是可以避免的事故，偏偏就在我们的眼前发生了。我们国家是多么的需要人才，人才却轻易地失去了。这就是小说对新旧思想的激烈冲突所做的描写和所引发的思考。

《大海深处》发表于1981年。作者试图用大海之深反衬人心之浅，批评有些领导长期以来在人才问题上戴着有色眼镜看人，即使到了新时期也难以改变。小说讲了一个海底“移山”的故事。那是不久以前，人们发现海底躺着一条“二战”期间沉没的军火船，它就像一座沉默的火山随时威胁着日益繁荣的国际水道和海洋渔业，于是上级决定把这艘船打捞上来。在“探索号”会议室里，政委面对着一群“散兵游勇”发出了征询：“谁先下水？”回答政委的是令人难堪的安静。“好吧，那就我来试试吧。”终于有人站出来了，大家的目光一齐向这声音集中过去，原来这个声音发自一个鬓角留得长长的、歪着脑袋看政委的童小坤的嘴里。在政委的眼里，此人无疑是应该归入落后分子一类的，没想到今天却成了一个尖子。

政委不愧是见过市面的人，他掩饰住了心里的疑惑，一本正经地说：“同志们，小童这种不怕苦，不怕险，争当‘四化’闯将的精神是值得大家学习的。”而小童却不知好歹地说：“政委同志，我可没你想得那么多，我只是觉得，大家都这样憋着，太难受。”虽说开会时这样憋着是有点难受，可比起潜水时80多米的深度和9个多大气压，以及那座可以让人霎时变成烟灰的“火山”，这样的难受算得了什么？不错，童小坤确实浑身都是缺点，即使是在潜水前夕，他也不忘“非分之想”。面对给他体检的女医生那秀美白净的脸，童小坤竟胆大妄为地张开大嘴对着她说：“中午没有喝过酒，不信你闻。”在大海深处，在紧张寻找船舶驾驶台入口的时候，岸上的人无不为他提心吊胆。政委关心地询问他的情况，他却把政委当成了女医生，从海洋深处传上来一个粗重的声音：“我——爱——你！”

在打捞沉船的过程中，童小坤又发挥了关键的作用，不幸被鲨鱼咬伤，生命垂危。这篇小说仍然是个开放的结尾，童小坤后来到底怎样了已经无关紧要，重要的是，政委的人才观会不会因为这次打捞任务而有所改变，整个社会的人才观会不会因为改革开放而改变。

《因为我是女人》也发表于1981年。这是一篇关于塑造与反塑造的小说，作品中的副局长柳林要把一个热爱大海的女海员塑造成一个女英雄、女劳模，而女主角辛海兰却只想当个痴迷于海洋的人。作者通过辛海兰事业上的三起三落深刻揭示了个别道德上的委琐之人如何利用错误的路线，或为自己谋取政治利益，或为自己开脱麻烦，把一个单纯的姑娘当成工具而任意处置；作者也展示了辛海兰从倔强到迷惘、到觉醒，最后变得坚强的思想成熟的经历。我们不妨把小说的脉络理一理。

主角：辛海兰　海员、三副、大副、船长

主角：柳　林　航管局副局长兼人事处长、航管局局长

配角：王之田　船长、辛海兰的前任丈夫

第 1 个回合：高起低落

15岁的辛海兰看了一本《勇敢的女航海家》的书，讲的是世界上第一个环球航海的法国姑娘芭蕾日女扮男装，参加了布干维尔上校率领的海洋科学考察的事迹。海兰被这故事深深吸引，立志也要当个女海员。考入航管局当上打字员的海兰要求上船。柳林说啥也不同意，"女人上船听也没有听说过。"1958年搞"大跃进"时，海兰再次提出上船的要求，柳林拗不过，勉强答应。海兰上了"海洋号"，成为实习水手。她勇敢地战胜了晕船等重重困难和处于男性包围的种种不便，升任了实习驾驶员。柳副局长原先是那样地固执和阻挠海兰上船，后来不仅支持，还恨不得一口气把海兰吹成一个女船长。王之田道出了其中原委："你真以为柳林对你转变看法了吗？不，柳副局长这样做完全是适应形势。最近，有关领导作出指示，时代不同了，男女都一样，妇女能顶半边天，上边正在抓这方面的典型呢。"

海兰的勤奋苦学和王之田的悉心指导又使海兰以平均96分的成绩取得三副证书。柳副局长显得更加高兴，他把海兰的事迹整理上报，把海兰的照片和名字放在航管局大门口的光荣榜里。报社记者采访海兰，问她碰到困难时想起了哪些英雄人物，海兰回答说，想起了法国的芭蕾日。但是，不久，文章见了报，写的却是辛海兰在黄继光、邱少云等无产阶级英雄人物指导下，立足船甲板，胸怀全世界。看了报纸，海兰心里发慌，她去找了柳副局长，老老实实地说："我根本没有想过黄继光、邱少云，我学的是芭蕾日。"柳副局长严肃地关照她："现在你已经不是过去的辛海兰了，你是个榜样，是个典型，从现在起，你一言一行都要注意自己的身份。"海兰感到了深深的苦恼。

第2个回合：低起高落

柳副局长领着海兰出席各种会议，介绍培养女海员的方法和经验，海兰则照着别人写好的发言稿照本宣读。旁人都用钦佩和羡慕的眼光打量着海兰，海兰却知道，这是骗了别人，也骗了自己，她不知道这种欺骗哪天才是个头。幸好，王之田理解她，他们结了婚，婚后一年感情不错。海兰积极钻研业务准备考出船长证书，王之田却要她放弃，"你年纪也不小了，再说这几年风头也出足了。眼下不是大跃进的时候了，你们这些半边天还有几个踩甲板的？"海兰做梦也没有想到，有一天他会说出这样的话。为了深奥而神秘的海洋，她在丈夫和海洋之间做出了痛苦的选择。1966年的春天，海兰取得了船长证书，被分配到一条刚从国外买来的九成新的船上。轮船原名"雅典娜"，在那个革命的年代改成了"红云"。但是在带领轮船返回后，海兰看到的却是自己的名字和"走资派"柳林的名字赫然并列在一块儿。海兰成了"走资派"一手提拔的黑典型、黑标兵。她被勒令离职离船，接受审查和批判。柳林为了自己能够过关，说自己是受了海兰的欺骗，王之田也写大字报，揭发海兰一心想出风头，向上爬，连丈夫和家庭也不要。天真的海兰想到女人总是理解女人的，于是给中央文革副组长江青写了一封信。一夜之间，海兰又从黑标兵变成了红标兵、红典型。不久，海兰又被调到"红霞号"担任船长。为了给国家节约外汇，海兰没有雇请日本当地的引水员，自己引航通过了被国际航海界视为畏途的博贺水道，《朝日新闻》评价她是"中国的明珠"。

第3个回合：低起平落

更没有想到的是，粉碎"四人帮"后，海兰又成了爪牙和帮凶。有人让她检讨，她只肯检讨自己的轻信、盲从和天真，她悔恨地对自己说：

书房里的张士敏

“我的灵魂已经有了污点，我不能再让它沾上新的污点。只要能看到蓝色的海，呼吸到带咸味的空气，也就心满意足，别无所求了。”她又一次接受了记者的采访，她说，“我是个什么人呢？现在我终于明白了，我既不是立足甲板，胸怀全世界的共产主义战士、标兵；可也不是‘四人帮’的爪牙和分子，我就是我——一个普普通通的女人，脾气执拗，富于幻想，迷恋海洋，如此而已。”作者笔下的辛海兰有两段人生，前半生是被别人塑造，为别人而荣耀、而吃苦，后半生才摆脱被塑造，为自己、为国家而生活。

《马尔马拉海的迷雾》发表于1983年。作者又给我们写了一个拨开浓浓迷雾，寻找人的尊严的故事。故事的几个主人公，曾经的对立面，在漫长的航海过程中历经海难的考验，心终于贴在了一起。共产党依靠人民群众，把尊重人、相信人的优良传统又找回来了。

主角一：方明，因为向往海洋，从海运学院毕业，分配到远洋公司，跑过日本和欧洲航线。“文革”期间，因表舅纪玉田在国外，方明托他代买一本英国皇家海洋学会编辑出版的《天文航海》，与他通了一次信，遂被调到内航局沿海小货轮上。方明顿时觉得自己矮了一大截，周围一些人的奚落的目光仿佛是在冲着自己说：瞧，这家伙是从远洋轮刷下来的处理品。

主角二：朱永林，“昆仑号”船长，有着33年的航海经验，连死都不怕，可是有时候，却害怕说一句真话。

主角三：阮立仁，“昆仑号”政委，贫农出身的军转干部。

主要情节：1980年1月中国远洋货轮“昆仑号”加载了一批电石和杂货，离开黑海之滨的康士坦萨，计划穿过博斯普鲁斯海峡、马尔马拉海和达达尼尔海峡，通过爱琴海、地中海及苏伊士运河，于春节之前返回上海。在进入马尔马拉海之后，海上起了大雾。三副米雪根当班时，“昆仑号”与一艘希腊货轮相撞。三号货舱被撞出一个破洞，一股浓烈刺鼻的黄色烟雾正从风筒和舱板缝里溢出，那是人们熟悉的乙炔气，轮船随时都会爆炸。这是一种非常怕火、又怕压怕闷的气体。舱盖打开后，被压闷的气体便腾空而出，就像爆炸后的蘑菇云，呛得人们睁不开眼，喘不过气。

在等待伊斯坦布尔港援助的空隙时间，方明和朱永林分析了事故发生的原因。方明一针见血地指出，直接的责任者是三副米雪根，而真正的罪魁祸首是“四人帮”。因为小米初中还没毕业，在部队里当了几年操舵兵，根本没有好好学过航海。这些年来由于“左”的思想的影响，挑选船员不问文化和技术能力，只讲出身成分和社会关系。让小米担任这样的职务，怎能不出事？这次碰撞事故，不仅让我们看到马尔马拉海的迷雾，还让我们看到远洋系统领导思想上的迷雾。朱永林垂着头不答话。他早就感觉这是个问题，可就是没有勇气说出来。方明看着船长那苍老的面容，想起他过去视死如归的一幕幕，心中不免万分奇怪：为什么一个连死都不怕的人，却怕说几句真心话？人，真是太复杂了。

伊斯坦布尔海难救助公司派来了工程师纪玉田，他就是方明的表舅，一个叫方明吃足苦头的人。他告诉船长，“昆仑号”没有抢救的条件，只能弃船，他愿意提供相应的帮助。他还悄悄地劝说方明借此机会跟着他到国外生活。弃船，这是所有船员都不愿接受的后果，因此大家一致同意，展开自救。船长和政委制订了抢救的方案，方明建议把抢救人员分成三班，不当班的人到岸上旅馆居住，解决船上不能用火而产生的吃饭问题，保证大家的休息。船长和船员都认为这是一个好主意，只有政委从政治安全的角度考虑，否决了这个建议。

经过一天拼死拼活的劳动，下了班的船员吃不上一顿热饭，喝不上一口热水；饿了，只能啃土耳其的干面包，渴了，也只能喝凉汽水。为了所谓的政治安全，四天里面就有三分之一的船员病倒，严重降低了抢救工作的效率。为此，方明和政委之间发生了一场不太愉快的争论。

方明：你我相处多年，踩在一块甲板上，多少还是了解的。坦率说，你的思想观点，还是停留在“左”的基础上。

政委：三中全会嘛，当然是正确的，不过，具体问题也要具体分析。就拿以阶级斗争为纲这个口号来说吧，总的来说，在国内可以不提了，可是我们远洋船队就不一样。

方明：你这是远洋特殊论。若是你这种说法能成立的话，三中全会精神在我们远洋系统就不适用。

政委：随你怎么说，我不在乎。不是我强调特殊，而是我们的工作本身就特殊。你想，我们一年到头在国外，天天同资本主义国家打交道，远离祖国，情况复杂，脑子里多根阶级斗争的弦有啥不好？

方明：你以这些理由为借口，不相信大家，生怕我们——尤其是我这样的人逃跑。

在把电石桶从三号船舱搬离出去的最为危险的战斗中，一只正准备起吊的电石桶起火了，方明就像下山猛虎一样抱着灭火机冲了过去。滚烫的电石飞溅到他的脸上，手臂和脸颊都被烧伤，他却死死地把灭火机对着电石桶……

“昆仑号”创造了海运史上的奇迹，为国家节约了几百万资金。方明躺在土耳其的特基尔达医院里，他整整昏迷了两天两夜。中国驻土耳其商务参赞专程从安卡拉赶来看望方明。伊斯坦布尔港口管理局也发来了盛赞“昆仑号”的信件。政委拟写了为方明请功的电文请他过目，文中写道：

方明同志一贯忠于职守，热爱航海事业，业务熟练，工作积极。

在这次抢险中，他勇敢地参加了突击队，为了抢救国家财产，为了给四化事业做出贡献，他发扬一不怕苦，二不怕死的革命精神，几天几夜连续奋战。尤其是在关键时刻，方明同志不顾危险，将火扑灭，自己却身负重伤。经全体船员一致提议，支部同意，方明同志评为特等功，谨此报批。

方明把那张纸翻到反面，用颤抖的手写道：方明同志，他是爱国的。这个时候，表舅纪玉田也飞奔进了病房。他看望了方明，还惭愧地向政委交出了几天前方明给他的信，信中写着这样的话：

今天，党给我落实了政策，让我重新回到“昆仑号”甲板，恢复了大副职务，这就是对我的信任和尊重。从这一点可以看出，我们的党多么伟大。人贵有人格，信任也是相互的。人和人这样，人和国家也应该如此。今天祖国让我出国执行远洋运输任务，我就应该忠实于她，对她负责，否则，我将成为不齿于祖国和人类的狗屎堆。我知道我的祖国还穷，怎么办呢？我能嫌弃她吗？我能背叛她吗？我能逃跑吗？不！不！不！

阮立仁政委看着看着就颤抖起来，大串大串的泪珠从这个一向严峻的老革命的眼里涌了出来……其实，这篇小说的第一主人公正是阮立仁，最感动人心的也是他的眼泪。新中国的知识分子长期以来遭受到不公正的待遇，他们的头上不是被戴上资产阶级的帽子就是被戴上小资产阶级的帽子。他们为社会主义而奋斗的积极性受到极大的挫折，但是他们并不埋怨我们的党，并不嫌弃自己的祖国，反而默默无闻地在岗位上忙碌着、拼搏着。他们的行为终于感动了党的干部，为自己赢得了信任。

阮立仁的形象就是共产党的化身。不过，掩卷之后我们仍应思考，为什么一定要有一场生与死的考验才能将方明验明正身？为什么不能在平凡的工作中判断一个人对党和祖国的忠诚？如果没有一次人命关天的大事故，方明是不是要背一辈子的黑锅？所以，我们不禁要呼唤：阮政委们，你们快快擦亮眼睛吧！

张士敏的第三类小说探讨的是人生的意义和人的价值，这也是80年代社会关注的热点问题。张士敏用他所擅长的海洋题材积极参加了这场社会大讨论，他用笔下的人物做出了自己的回答。《明灯》提出了一个如何看待青年人在探索中遭遇到的失败的问题，这也是一个中国在走向现代化的过程中回避不了的问题。小说的主人公叫陆坚，20岁的时候从航标专科学校毕业，陪伴着红亮的航标灯，他默默地度过了23年。23年来，他走南闯北，顶风踏浪，在人迹罕至的礁石和荒滩上竖起一座座航标灯。航标灯通常都设在险滩暗礁附近，日夜发光导致电能浪费。如果遇到大风巨浪，补给也很困难。于是陆坚就想设计一种自动开关，白天自行关闭，夜晚恢复发光。

经过一年多的摸索和试验，1966年，他终于试制成功日光自控开关，效果还不错。谁知，在一个风大雨猛的夜晚，航标灯却突然失灵，造成一条机帆船触礁沉没。对于陆坚的发明，本来就有一些人持怀疑态度，还有一些人则抱着妒忌。再加上父亲是香港的资本家，陆坚就成了被揪斗的对象，也就有了红卫兵小将和陆坚之间的一段耐人寻味的对话：

你叫陆坚？

是的。

你老子在香港？

是的。

是资产阶级?

是的。

那个什么自动开关是你搞的?

是的。

你为啥要破坏航标灯?

我不是存心破坏,是想搞发明创造。

可你将灯光弄灭了。

那……我有责任,可这不是故意破坏。

那次事故以后,陆坚被撤销航标技术员职务,降为灯塔工,下放到浪花岛看守灯塔。为了打发悠闲漫长的日子,陆坚重新安排了自己的生活,他种菜、养鸡、钓鱼、读书。他常常一连几个小时手捧书本坐在海边,嗅着大海的气息,听着大海的喧哗。通过广泛的阅读和思考,他对社会、人生和自己有了新的理解。有一个夜晚,浪花岛突然遭遇十级以上狂风的袭击。海浪扑上岩石,飞过50多米高的灯塔顶部,整个浪花岛几乎要沉没到海里。开灯的时间到了,十多米的距离竟然让人举步维艰。为了不被大风刮到海里,陆坚紧紧搂着一块五六十斤重的大石头,就像战士穿越敌人的封锁线那样匍匐在地,一点一点地爬行前进,终于进入灯塔,让耀眼的光芒冲破黑暗,压住风雨,射向远方。风浪中迷航的船只在灯光的指引下,找到了航向,安全脱险。他觉得这比任何荣誉都珍贵,他由此懂得了自己存在的价值、活着的意义。

1978年春天,组织上给陆坚平反,恢复了他的航标技术员职务,还要把他调到局里。正在这时,父亲也找到了他,要他到香港去继承家业。可是陆坚的心里不知道为什么,走路、吃饭、休息,心里总是离不开那盏灯,离不开浪花岛。他在探望了父亲以后就离开香港,重又踏上浪花岛。

老父亲无可奈何地喃喃自语：神经病，简直是神经病，这都是大海和孤岛逼出来的呀。

不要说小说里面的父亲看不懂儿子，生活中的我们也常常看不懂一些人作出的独特的选择，有些人不是喜欢把人家拔高，就是喜欢把人家贬低。其实，世界上最难探索的还是人的心灵而不是大海。落实知识分子政策，最重要的就是尊重人，尊重人们对生活、对工作的选择。联想到现实生活，有些人擅长科学研究，或者擅长实际操作，却被安排到管理岗位，荒废了他的专长，管理也不见得怎样好。这到底是尊重人才还是浪费人才，张士敏的小说正可以引起人们类似的思考。

《荒凉的海湾》，发表于1982年。这是一篇描写海洋航标灯技术员寻找精神归属的小说，一篇探索人的生命价值的小说。故事发生在一个荒凉的海湾。一艘轮船的残骸搁在礁石上，这是英国人在1947年来这儿测量时留下的纪念品。三十多年来，船上能够搬动的物品早已荡然无存，只剩下一个长满海藻和海蛎子的躯壳，被大海一口一口噬咬，吞蚀得残破不全，给这寂寥的处女海增添一种荒漠神秘的色彩。而在潮水冲刷的海滩上，却正蔓延着一片密密的林莽。落潮时节，树干都露出了水面。气根纵横，枝叶交错，密密麻麻，俨然一片海滩森林。这就是红树林，它的木材坚硬结实，千年不腐，是珍贵的水中工程材料。它啥也不怕，专拣荒滩生长，种子直接在母树上发芽，成熟后离开母体，随水漂流，四处安家。小说开头部分对红树林的描写是一个伏笔，红树林是一种性格、一种精神的象征。男主人公在长期从事灯塔工作的过程中逐步浸润了红树林的独特性格，形成了自己的人生追求。

故事开始于1965年夏天，20多名测绘学院海道测量专业的学生来到南海东京湾的红树林地区进行测量实习。同学当中有一个出身渔家的孤儿叫冯闹海，小伙子长得伟岸、强壮、粗犷。冯闹海赢得了一位名叫徐洁的女同学的芳心。大海，它是地球的血液、生命的乳汁。在一个雨后初晴，繁星满天，海水轻吟的夜晚，一块伸向海中的巨大岩石上，两个年轻人相拥着立下神圣的誓言……

“文革”前夕两人都分配到了海测大队。那时的人们忙着造反，生产被扔在一边。他俩看到红树湾的旧海图上赫然写着这样的字眼：“此处未经勘测，图中资料系1947年英国人简测，殊不可靠，航行船舶各自留意。”冯闹海看不下去了，他说服徐洁一块儿打了一份报告，要求上级同意他俩率领一艘测量船来这儿勘测。这个计划被说成是企图逃避和干扰“文化大革命”。于是，有了十几年后的两段对话。

冯闹海：他们名为批判帮助我，实则是侮辱、谩骂和武斗。我就是要大声地叫：我没错，没错，就是没错。

徐洁：你愤然离队后我给你的老家寄去了好几封信，你为什么杳无音信。你到哪儿去了？

冯闹海：我是因为这片海湾倒的霉，哪儿跌倒，就要在哪儿爬起来。你们不干我干，不，应该说是我们干。我们这儿有一个土航测队，我是土队长。

徐洁：是的，这是一个梦，一个恼人而又缠绵的梦。1980年我们终于迎来了测量航道，绘制海图的任务。这一次，我是可以不来的，队里有了那么多的技师和男同志。可是，我好像要寻找什么。

冯闹海：这份东西是我这几年利用空余时间测绘的，由于仪器设备的限制，精度可能不高，送给你做参考吧。不过有个条件，你不能对任何人说，我希望这个世界忘掉我。

徐洁：（心理活动）还是那样倔强的脾气。如果我说声“不”，我就休想得到这份测量图，而它，对于红树湾的进一步勘测将十分重要。

……

我怎么一下子成了“新长征突击手”了。在这瞩目的成绩中有着别人的贡献。一个遭受巨大不幸的人，在长期的屈辱和痛苦中用辛勤的汗水换来了这份劳动的成果，我有什么权利获得这个荣誉称号？

冯闹海：你不必自责，请你转告海测队领导，感谢组织上对我的平反。但是我不想复职，这儿蛮好。海测大队像我这样的人多得是，少我一个也无所谓，可这儿需要我。

徐洁：我知道这儿需要你，可这是党的政策，你是知识分子，技术人才。这儿的生活多苦呀，这样的日子你还没过够吗？

冯闹海：你错了，这儿的生活我不仅习惯而且喜欢。我原本就是一株野生的小红树，离开母亲，随海漂流。我漂呀，漂呀，来到这片荒凉的海湾，承蒙这块土地收留我，养育我，海湾属于我，我也属于她……

小说主人公抒情的语言也使读者浮想联翩。人的一生被时代所左右，被环境所制约。我们如何才能在有限的时间中让自己的生命发出灿烂的光芒。某种生活状态，在一些人看来是苦，在另一些人看来却不是苦。冯闹海和徐洁在大学时代是心心相印的恋人，十多年后，两人却无法深刻地理解对方。“文革”固然是一个很大的外因，但是最大的原因还是在两人的内心。历史的流水在他们的思想深处留下了不同的印迹。

八

新时期的一声春雷

宗福先，上海热处理厂工人，1973年开始创作，1974年参加上海市工人文化宫业余话剧创作班培训。1978年5月创作4幕话剧《于无声处》，震动了整个文学界，被誉为是率先从政治上肯定“天安门事件”的思想解放的一声惊雷。

1976年金秋10月，宗福先沉静在黄山美丽的日出景色之中，他还不知道中国人心灵之中的红日也即将喷薄而出。三天后，当他走出黄山时，他看到了被打上大叉的“四人帮”的名字。他走在上海的街头，看到喜笑颜开、欢庆胜利的上海市民，突然冒出了一个想法：人民不会永远沉默。从这一天开始，宗福先就在酝酿，就在搜集“文革”中发生的许许多多的故事，他苦苦思索怎样把人民的心声呼喊出来。一年多以后，《于无声处》诞生。它以1976年清明时节发生在天安门广场上的、悼念老一

* 剧作家宗福先

辈无产阶级革命家、愤怒控诉“四人帮”的“天安门事件”（又称四五运动）为背景，歌颂了坚持真理、与“四人帮”的爪牙进行坚决斗争的英雄人物的事迹，推倒了“四人帮”给中国人民的最大污蔑和对历史的最大歪曲。剧中人物老干部梅林的原型是作者一个同学的婶婶，剧中的英雄欧阳平的原型是作者的一位朋友——当时被“四人帮”通缉的“小平头”。作者宗福先当时正在患着哮喘，他就把喷雾器放在手边，喘了就喷一下，只用了三个星期就把剧本写了出来。

剧本写出来后，作者曾请同学的父亲、一位上海人民艺术剧院的导演审阅，希望得到专业剧团的支持把戏剧搬上舞台。但是这位导演看了剧本以后婉言谢绝，认为这个剧本太尖锐，无法排演。后来，这位导演看了上海市工人文化宫话剧团的演出，非常感动，真诚地说了一句话：“我们老了。”是啊，当时对“天安门事件”的定性还是所谓的“反革命事件”，这出戏居然要翻案，这种具有超前意识的作品，老年人确实是患得患失，不敢而为。只有宗福先这样的年轻人，“初生牛犊不怕虎”才敢说敢做。

1978年9月22日，《于无声处》第一场彩排演出在上海市工人文化宫小剧场进行，演员全都是文化宫话剧班的工人业余演员。宗福先和导演苏乐慈都十分紧张，不知道效果会怎么样。没想到演出效果出人意料的好，该安静的时候一片寂静，该笑的时候全场欢笑，大幕拉上之时观众席也是异常安静，可是瞬间就爆发出了一阵阵热烈的掌声。观众们个个都不愿离去，一个劲儿地鼓掌，他们的支持和鼓励都表达在鼓掌声中了。正式演出的时候，没有任何宣传和广告，完全靠观众们的口口相传，《于无声处》迅速地传遍上海。公演以后戏票一直很紧张，必须排队才能买到，而且很快就供不应求了。

《于无声处》在获得上海观众热烈欢迎的同时，也得到官方的几位大人物的认可，他们的态度促成了剧组晋京演出，把思想解放的火种播撒到全国。《于无声处》在上海热演之时，胡乔木正在上海调研经济规律方面的问题。胡乔木历任中国社科院院长、毛泽东著作编辑出版委员会办公室主任、中共中央副秘书长、中央党史研究室主任和《中国大百科全书》总编辑委员会主任。他听秘书说起这出戏的创作、演出经过和观众的反响，认为这出戏冲破了“两个凡是”的束缚，喊出了为“天安门事件”平反的声音，应该引起重视。于是他主动向市委宣传部长提出要观看。28日晚上，胡乔木看完演出非常高兴地会见编导和全体演职人员，并与他们合影留念。11月初，文化部副部长刘复之专程从北京飞到上海观看演出，然后宣布，代表黄镇部长邀请剧组晋京演出。紧接着，《人民日报》、《光明日报》、《解放军报》和《工人日报》等所有首都重要报纸都刊登了剧组即将来京演出的消息。人民的心愿如此一致，由此可见一斑。

《于无声处》的演出对当时的拨乱反正产生了重大影响。11月12日，陈云在中央工作会议东北组发言，他提出了6个中央应该考虑的比较重大的问题，其中第5个就是“天安门事件”。他说：“关于天安门事件，现在北京市又有人提出来了，而且又出了话剧《于无声处》，广播电台也广播了天安门的革命诗词。这是北京几百万人悼念周总理，反对‘四人帮’，不同意批邓小平同志的一次伟大的群众运动，而且在全国许多大城市也有同样的运动。中央应该肯定这次运动。”陈云当时是全国人大副委员长。11月16日，《人民日报》在头版头条报道：“11月15日，在中央的同意下，中共北京市委宣布，1976年清明节，广大群众到天安门广场沉痛悼念敬爱的周总理，愤怒声讨‘四人帮’，完全是革命行动。”这是中国革命史上令人振奋的一件事情，人民群众的舆论促使中央做出了符合民意、符合真理的决定，这是人民的胜利！就在当天晚上，上海工人文化宫《于无声处》剧组在北京举行了隆重的首演仪式，受到首都人民的热烈欢迎。11月19日，剧组又为参加中央工作会议的领导举行了专场演出，正是这次会议为召开党的十一届三中全会作了充分的准备。陈云也在十一届三中全会上增选为中共中央副主席、中央纪律检查委员会第一书记。

12月17日晚，文化部和全国总工会为《于无声处》剧组举行了隆重的授奖大会，剧组和作者都获了奖。宗福先获得的奖状上写着："表达人民的愿望，显示人民的力量。"这个评价写得特别好，第一是概括得非

* 宗福先随《于无声处》剧组晋京演出时见到前来观戏的剧作家曹禺

常准确，第二是用了诗的语言，铿锵有力。解放以来，这样的特别奖只颁发过两次，上一次是60年代，颁发给了昆剧《十五贯》，当时周总理说："一个戏救活了一个剧种。"《于无声处》为什么会取得如此巨大的成功，受到官方和民众的一致好评，而且这出戏又是诞生在上海呢？其实这其中包含着历史进程的必然因素。宗福先和导演苏乐慈是这样表述的："首先，上海是'四人帮'控制最紧的地方，上海人民受'四人帮'的压抑实际上最深；其次，上海由于种种因素，没有、也不可能发生'天安门事件'，人民反'四人帮'的情绪始终没有得到很好地宣泄；第三，包括我们在内的很多上海人非常崇敬天安门广场上反'四人帮'的英雄，自愧不如，这种内心的压力逐渐转化成动力，逼迫我们要去做点什么！事实上，剧本写成以后，从演员、文化宫领导、总工会领导、上海文艺界的老前辈与朋友们、《文汇报》等上海各个媒体的朋友与领导、市委宣传部的领导、市委领导以及数万观众……所有这些人都是在中央宣布为'天安门事件'平反以前支持这个戏的，他们不都是上海人吗？所以我们说，这是上海人民对思想解放运动的一次鲜明表态！"这就是压迫越深、反抗越重的道理！

《于无声处》的创作和演出离"文革"结束只有短短一年多，文学创作上的种种"左"的束缚依然存在。这个阶段在当代文学史上被认为是过渡期，还没有真正进入"新时期"。然而，《于无声处》已经摆脱了"三突出"的创作模式，彻底改变了那种台上演员激情冲动，台下观众无动于衷的尴尬场面，造成全场互动的激动人心的剧场效果。这出戏的最大成功就是人物形象的塑造。全剧只有6个角色，却个个性格鲜明。正面人物不是"高大全"式的先知先觉人物，反面人物也不是坏得一塌糊涂。他们每一个人思想感情的形成和变化都和历史发展的进程息息相关，观众们能够从中获得对于中国当代历史的深刻思考以及对于生活态度的有益的启示。

《于无声处》的故事发生在何是非家的客厅。何是非，解放前一家外国洋行的一个小职员，生了肺病被老板一脚踢开。多亏了邻居、中共地下党的负责人梅林大姐的接济，他才治好了病。从此，他开始靠拢党组织，1949年他入了党，曾是梅林的下级。1976年他担任了上海某进出口公司的"革委会"主任。能够在"四人帮"即将垮台的时候谋得这样的"美差"，其在政治上或道德上一定是不干净的。这个人物的创作原型就是"四人帮"在上海的老将，原市委书记马天水。在剧中，梅林被诬陷为叛徒，权势人物要何是非提供所谓的旁证，何是非为了保住自己就向他们提供了这样的材料。但是何是非还觉得不够安全，1976年，他又为女儿何芸物色了一个男朋友。此人名为唐有才，其实是既无才又无德，只是因为他救过上海的那个造反司令一命，所以就当上了民兵的头头，专管文攻武卫和阶级斗争，其他地方他也都要插上一手。有一次接见外宾，此人在一个半小时里竟然连说了一百多个"他娘的"，外宾问这是什么意思，翻译愣了好一会才搪塞说，可能这是唐先生家乡的方言，是一句问候语。据说此人颇受"中央首长"的器重。何是非是要弄个双保险，把自己和女儿都绑上权重人物的战车。当何芸的恋人欧阳平出现在家中，又一次掀起女儿心中情感的波澜时，他明知女儿仍钟情于欧阳平，也知道欧阳平根本不是什么反革命，但是却竭力按照唐有才的指使，逼迫女儿把欧阳平交出去。虽然，何是非的思想肮脏卑劣，但其中也不排除尚有一丝父爱，只是在那个荒唐的年代，他的父爱已被严重地扭曲。

刘秀英，何是非的妻子，忠厚老实的小学教师。她一辈子都在用简单朴素的语言教导孩子们要做正直的人。她曾经长时间地崇敬并热爱自己的丈夫，但是当有一天，她发现丈夫居然昧着良心写了出卖恩人梅林的所谓材料，她的精神就崩溃了。她心中的偶像轰然倒塌，但为了两个孩子，她不敢说出真相，不敢揭穿丈夫，9年来内心一直受着痛苦的煎熬，几乎把眼泪哭干了。诚然，这是一个值得同情的角色。但是，她的软弱和她的屈服，不是无形之中也促使坏人们更加有恃无恐吗？

梅林，曾经出生入死的地下党员，解放后定为11级干部。当她发现有人要搞掉周总理时，就向有关部门作了揭发，由此招致弥天大祸。于是被诬陷为叛徒，遣送返乡，每天扫地，工资也被剥夺。在此期间她还被关押整整6年，吃喝拉睡都在一间3平方米的小屋，最长的时候14个月不见阳光。除了毒打还被施用“疲劳战术”，连续13天不能睡觉。后来她终于患了肝癌，已经风烛残年。1976年的夏天，她在儿子欧阳平的陪同下途经上海，想到何是非处打听两位老战友的下落，弄清一些重要的事实。即使遭遇巨大的磨难，梅林仍然坚定地告诉儿子：“党不是‘他们’的，党会战胜‘他们’的，林彪不是已经被粉碎了吗，‘他们’也快了。”梅林是一个真正的共产党员和一个清醒者。她明确地区别出了党内的一些变节者，认为他们不代表党。如果认为他们是共产党，那么就等于承认共产党变色，这无异于自毁长城。所以，即使自己的生命即将结束，她也要把这个根本的原则问题向一直努力争取入党的儿子交代清楚。他要儿子明白，一小撮变节分子和败类只是暂时窃取了部分权力，党终究会挖出他们，人民终究会战胜他们，所以，不能悲观失望，不能对党放弃信心。

一个普通的工人作者在1978年能够写出这样的思想，真正是难能可贵。就在差不多的时候，文艺界针对一些大胆揭露党内和社会上一些不正常现象的作品，常常会发出“难道我们的党是这样的吗”“难道我们的社会主义是这样的吗”这种糊涂的疑问。我相信他们都是具备相当政治水平和很高艺术造诣的人，可是他们的思想觉悟为什么连一个普通工人都不如呢？他们把一小撮混进党内、根本不相信共产主义的人和党内的变节分子同共产党这个神圣的字眼等同于一体，把极少数人的倒行逆施同美好的社会主义等同于一体。好像揭露了这种人就是给我们的党脸上抹黑。他们的观点表面上看是维护党的形象和社会主义形象，其实恰恰相反，正是导致了怀疑共产党的领导和社会主义道路的社会思潮的产生。每每想到这里，我都想向宗福先致一个共产党员的敬礼，感谢他帮助人民擦亮政治眼睛，明辨是非。这恐怕就是作者把剧中反面人物取名何是非的道理吧。他要观众思索，到底什么是是，什么是非！

欧阳平，梅林的儿子，何芸的恋人。曾是空军飞行员，因受母亲冤案的牵连，被迫从上海迁到北京郊区，在一家小吃店当营业员，还被取消了预备党员资格。1976年初因为散发了一些悼念周总理的诗成了全国通缉的现行反革命。他认为，中国的地底下有坚硬的石头和朴实的泥土，还有奔腾的岩浆。他陪同母亲来到上海的时候，把天安门广场上发生的那些激动人心的场面告诉了何家兄妹。他请何芸回忆一下，为什么两年前有人提出“批林批孔批周公”的混账口号？为什么报纸上“批宰相”、“批当代大儒”的谩骂声不绝于耳？为什么总理刚去世，就有人要拿四个现代化开刀？为什么悼念周总理就要遭到迫害和镇压？他们要从人们心里拔去周总理这棵参天大树，人民怎能不扬眉剑出鞘！他还对何芸说，社会主义革命时期也还会出现暂时的三九严寒、千里冰霜，也需要红梅傲霜凌雪的战斗精神。为了保卫毛主席和周总理，自己愿意一滴一滴洒尽全身热血，并且已经做好了牺牲的准备。

毫无疑问，欧阳平的形象就是天安门广场英雄人物的化身，但他并不是一个“高大全”的形象。首先，他有独立的思考，不是那种只相信组织不相信亲情的寡情寡意之人。他始终认为母亲是真正的共产党员，根本不是什么叛徒。他也看出了极少数阴谋家要搬掉周总理这块绊脚石以实现自己篡党夺权的野心。但是他毕竟还年轻，他还不明白面对最严峻的斗争，同志之间的互相理解和支持也是一种强大的战斗力。所以，9年之前，他与何芸不辞而别，人间蒸发，让何芸茫然地等待。也给了何是非以介绍男朋友为借口再攀上唐有才这个“高枝”的机会，险些葬送了何芸。所以，他也把散发诗集《扬眉剑出鞘》的事情瞒住了母亲，差一点让母亲带着遗憾离去。他还曾一度对党丧失信心，打消了争取重新入党的决心。还是母亲提醒他，党不是“他们”的，党是我们的，你要争取加入的不是“他们”的党而是我们的党，是为了更好地为党的纯洁和党的利益而奋斗。所以，欧阳平始终是在母亲的关怀和帮助下成长的。在戏里，梅林正是“我们的党”的化身。但这些都并不影响他作为一个英雄的形象。我们的现实生活中也正是有了成千上万这样的英雄，我们的党才带领着人民最终取得了与“四人帮”斗争的胜利。欧阳平这样的人也一定会在生与死的考验中一步步地成熟起来，变成像他母亲梅林这样的党的战士。

何芸，何是非的女儿，长得漂亮，脾气又温顺。中学毕业后分配到农场劳动，后来调到公安局。她一直爱着青梅竹马的欧阳平，9年来一直努力打听他的下落，但是却毫无进展。她十分信任自己的父亲，认为父亲看准的对象大概不会错，但并不在意，她还念着欧阳平。最近一段时间，领导对她很不满意，因为她表现出立场不稳，模糊动摇，又犹豫旁观。因为她从心底里怀疑，有些人在反对周总理。当他得知欧阳平愿意为保卫周总理而献身时，她也坚决表示，自己的血会和他的血洒在一起。所以，作为公安人员的她，不仅没有像父亲期望的那样交出欧阳平，而是勇敢地陪伴着欧阳平走出家门。

何芸，是一个清纯的、忠于爱情又坚持真理的姑娘。她曾经那样地热爱和信任自己的父亲，但是，当她从母亲口中得知，父亲为了自己所谓的政治前途，竟然无耻地向造反派提供了陷害梅林的假材料后，她就断然决定与这样的父亲划清界限。她扑在梅林的身上，真切地叫着“妈妈，妈妈”。然而，她也曾有过较长时间的迷茫和恍惚。她虽然身为公安干警，但是对时局却并不看得很真切。如果不是梅林母子的出现，她或许真的就落入了唐有才这个“虎口”。比起欧阳平，她也显得有些软弱。当知道上级要她抓捕的那个全国通缉的反革命分子就是欧阳平时，她一下子昏厥过去。但是，最后，她还是坚定地做出了正确的选择。她也是一个在斗争中成熟起来的优秀的青年人。

何为，何是非的儿子，医术不错的外科医生，曾被认为是很有希望的青年，近年来却变得玩世不恭，整天懒懒散散，对什么事情都认真不起来。他是剧中惟一一个冷面滑稽的形象，也是剧中的一个亮点。他的造型是衣衫半边塞在裤子里，半边吊在外边。一手捧着一本书，一手拿着大蒲扇，穿着拖鞋在家里踢踢踏踏地晃着。对外头火热的“阶级斗争”他不去参加，却经常称病在家休息。他浑身都是讽刺的细胞，他的辛辣的讽刺常常引起台下观众痛心的笑。比如说，当他听到梅林被定为叛徒是因为旁证材料确凿，可定案时又不给当事人看的时候，他便说，真想给几个专管儒法斗争的中央领导写信，要求为秦桧落实政策，因为他发明的“莫须有”罪名，对目前巩固某些人的专政起了神奇的作用。他的父亲对他恨铁不成钢，说他不配生活在伟大的毛泽东时代。他还具有说相声的语言才能，比如，他把“文革”中的专制主义比喻成“钳口术”，就是把每人的上下嘴唇打两个眼，铅丝一穿一拧就成了。他还一本正经地给自己写了诊断书：“这些年的阶级斗争搞得我晕头转向，说真话——犯罪，说假话——有功，说官话——保险，说屁话——高升。”然后，他又给自己开了一张药方，“百事不问，一日三餐，吃饱睡足。”但是，只要一到医院，一穿上白大褂，他就好像换了一个人，挺严肃认真的。因此，他依然免不了三天两头挨批，批他埋头钻研业务，想成名成家，走白专道路。

何为也是个可爱的青年，他看出了这个世道的荒唐，他鄙视卖身投靠的父亲，爱护自己的妹妹和母亲。但是他知道自己没有力量战胜那伙可恶的人，于是就采取韧性的逍遥派的战术。这未必不是一个好的战术。当社会上不可能出现那么多的张志新和欧阳平这样的英雄的时候，不成为“四人帮”的“钢”就是一种反抗。这也就是巴金说的，最起码我们可以保持沉默。但是，当扬眉剑出鞘的时候，何为并没有沉默，他决定把梅林送到他的老师那里，试着治好她的病，自己也毅然离开了这个家。这才有了最后那令人难忘的结局，“五个人默默地回身无限轻蔑地注视着这个仿佛突然变得苍老起来的可怜虫”，此时无声胜有声。剩下的只是何是非独自的哀叹。

> 何是非：你们，全都走了？
>
> 小芸！我老了，你们不能留下我一个人。
>
> 都走了，剩下我一个人了，真安静啊。
>
> （猛地一道亮得可怕的闪电。何是非吓得跳起来，恐惧万分地等着。仿佛过了许久许久，空中迸出一声惊天动地的炸雷！）

在何家这一个小小的家庭，何是非已经彻底地失败了。人们完全可以想象，“四人帮”一伙以及何是非们的可耻下场已经并不遥远了。

在艺术上，《于无声处》是完全按照斯坦尼斯拉夫戏剧体系的“三一律”来安排的。故事的时间集中在1976年黄梅季节的某一天，从上午到傍晚不超过24小时。故事的地点集中在上海何是非家客厅这一个地方。故事的情节集中于欧阳平陪母亲来上海办事，却被“四人帮”在上海的爪牙当做现行反革命而抓捕的一个完整的生活片段。这就构成了严格的“三一律”。剧本把时间跨度12年的生活放在一天之中的9个小时，情节十分紧凑而扣人心弦。台词的设计也非常符合人物的个性，紧跟情节的进展，把观众的注意力都调动起来了。有一次，剧组在北京演出，当舞台上的刘秀英对欧阳平说：“欧阳，快走，背着你妈快走，我们家有鬼啊，有鬼……”寂静的台下突然响起了一个孩子急促的尖叫：“不是鬼，是坏蛋，快跑！”而几乎是每一次，当梅林被搀扶出场时，台下总有人失声哭泣。当欧阳平说出“我们能不扬眉剑出鞘”的台词时，也总有许多人大声叫好。当何为说出那些冷幽默的讽刺话语时，观众则发出会意的大笑。而当欧阳平被坏人包围，处境十分危险时，也会有人在台下连声喊着：“快走，快走。”

《于无声处》打破了长期以来戏剧表演在爱情描写上的禁区，写了一个女公安干警对一个普通青年的坚贞的爱情，因此，当他们在舞台上情不自禁地热烈拥抱的时候，观众们都被感动了。

《于无声处》也突破了社会主义时期不能写悲剧的框框。文艺是生活的反映，只要现实社会中存在悲剧，那么戏剧就不应该绕过悲剧。不写悲剧只写喜剧无异于掩耳盗铃。有时候，悲剧会产生比喜剧更强的力量，压抑得越深，爆发力也往往越大。况且，《于无声处》并不仅仅是一出悲剧，它也带有喜剧的因素。何为的表面浪荡，内心机智是喜剧因素，最后结局5:1，只剩下何是非一个人和空空荡荡的客厅，也未尝不带有胜利的前兆。

《于无声处》也是一出真正的工人话剧，工人写，工人演，工人看，工人评。既没有层层审查，也没有长官意志，领导只是起了支持和引导的作用。这出戏也是发扬了工人阶级艰苦朴素光荣传统的一个典型。演员的服装和道具很多都是演员们从家里拿来，或者自己动手解决。演员人数少，场景简单，舞台拆装方便，大小剧场都能表演。演员们也基本上坚持了白天生产，晚上演戏。这种小成本，大思想的戏太难得了。

2008年是《于无声处》诞生30周年，纪念演出在高雅的艺术剧场和普通的大学礼堂相继进行。30周年的重演让宗福先感受到另外一种巨大的心理压力，那就是，这出戏如何面对“80后”——年轻人。宗福先想到的是，“这是一部直接叙述政治事件的戏剧。剧本基本上没有修改，带着我那个年代的激情，也带着我那个年代的稚嫩。而年轻人对于那个年代基本上一无所知，对于那种激情和戏剧完全陌生。他们能看懂吗？他们能接受吗？他们——我是指他们当中的大多数人——会不会漠视、反感甚至于嘲讽？如果这样，那就宣告重演失败，也宣告《于无声处》生命力的终结。”宗福先的担忧并非没有一点道理。剧中扮演何芸的青年演员孙宁芳就曾经表示台词挺别扭，在排练的时候会念不下去，会笑场。她坦陈自己不知道“四人帮”，也不知道张春桥，不懂什么叫现行反革命。但是后来在全剧连排的时候，宗福先却发现她演得极其投入。有很多次、在很长时间里，她都泪流满面。因为在排练场，离得近，看得真切，她的表演就更让人受到感染。导演苏乐慈说，她每次排戏都是真哭，其他演员已经提抗议了：弄得我们大家跟着哭。

宗福先的担心其实是多余的，因为《于无声处》所表达的精神实质跟它所产生的政治影响并不是一回事。这个戏对于“天安门事件”的平反所产生的影响随着时间的流逝自然会暗淡下去，但是这个戏传达出来的对真理的追求、对专制的反抗、对爱情的执着都是人类精神中最美好的东西，是永远不会过时的。很多作品都有这样的历史，人们忘记了它产生的背景，甚至搞不清楚作者的国籍和年龄，但是人物的思想或者是一句话却会一直流传下来变成经典。《于无声处》在上海电机学院演出的时候，据宗福先的现场观察，学生们的反应就特别强烈，几乎人人全神贯注，目不转睛，还有好多人不停地擦眼泪。演到后面两场，剧场里爆发出多次掌声，有些还是根本没有预料到的。譬如当何芸朗诵到“党心民心不可辱，于无声处听惊雷”时，譬如当梅林鼓励儿子“到监狱里、到法庭上，去跟他们作最后的斗争”时，礼堂里都爆发出如雷的掌声，经久不息。在这儿，不妨稍稍摘录一些座谈会上大学生们的发言以及青年网友的博客：

★ 泪水一直挂在我的脸上，为一种执着、一种不屈、一种始终昂扬的斗志、一种永远坚定的信念、一种久违了的震撼、一种陌生了的精神！抽泣声不绝于耳，我知道很多人和我一样地流下了感动的热泪。出来后发现，居然年轻人居多，原来我以为看这个戏的可能多为30年前看过这个戏的人来寻寻旧，看来我错了。

★ 一个时代远去了，但那曾经震撼人心的无论在任何时代都会震撼！

★ 我们真的被击中了。我们会想，换作了我（是剧中人），我会怎样？

★ 他们所展现出来的战胜黑暗的信念和勇气，他们之间的人世间最坦诚真挚的感情，在如此险恶、黑暗的环境的映衬下，显得那么的动人和伟大，坐在观众席里获得的是满满的、可以笑对一切的正义力量！

★ 不同的大难都证明了一个道理：人的生命是脆弱的，而充满了爱、正义和勇气的人性是永恒的，是不可能被战胜的！

★ 昨晚，与好友共赴上海话剧艺术中心观赏话剧《于无声处》。一部30年前感动了万千观众的话剧，在30年后仍让当代人振聋发聩。虽然当代的我们不再充满剧中人物般的革命激情，也不再生活在政治愤怒的时代，但是我们同样受到震撼的，是话剧对于信仰、对于真诚、对于人性的价值意义的褒扬。无论时代怎样变迁，我们的内心始终会面临一场冲突——对于权力和物质无止境的追求与对于道德和良知的召唤。正义、自由和爱情是跨越时空的永恒的主题。

★ 在我们经历了大众化的视听轰炸的今天，这样一种质朴简约的话剧的形式，全靠故事性、全靠故事本身的魅力来感动人，我觉得是很难得的。特别是在当下一些国产大片的空洞、一些肥皂剧拖沓的情况下，这对我的阅读观赏经验是一个很新鲜的事。

九

舞台上激荡着改革的风云

《于无声处》是上海工人剧作家的第一部具有全国影响的作品，也是上海工人剧作家的标志性作品，它集中地体现了上海工人剧作家群的创作特点。这个剧作家群诞生于上海市工人文化宫的小戏创作学习班，具备了天时、地利、人和三方面的有利因素，才逐渐成熟起来。

所谓天时，是小戏创作班成立于“文革”后期，冲破思想禁锢的苗头已经出现，紧接着就是拨乱反正的思想解放运动和改革开放大潮。急遽的社会变动需要振聋发聩的戏剧，需要演员在舞台上重现激情燃烧的岁月和感人肺腑的场面。

所谓地利，就是上海市总工会和市工人文化宫的历任领导都十分重视和关心工人的文艺活动。他们在思想上、组织上、财力和物力上都切切实实地支持工人们的创作和演出，往往在关键时刻成为工人作者的坚强后盾。当宗福先写出了《于无声处》，专业剧团不敢演出的时候，也是总工会和市工人文化宫拍板由文化宫的小剧团演出，这才有了后来的全国性仿效。自从10月28日上海《文汇报》破天荒地连续三天刊载完《于无声处》剧本后，全国各地专业及业余剧团纷纷排练上演。仅在上海，就有上海人民艺术剧院、上海青年话剧团、上海电影制片厂演员剧团、中国福利会儿童艺术剧院、复旦大学话剧团、卢湾区文化宫业余话剧队、静安区文化宫业余话剧队、长宁区文化馆和工人文化宫业余话剧队、虹口区文化馆业余话剧队和上海邮电工人业余艺术团等排演了这出戏。上海外国语学院英语系的教师也劲头十足，他们仅用一个多月的时间就翻译、排练、上演了英语版的《于无声处》。这些都创造了新中国成立以来话剧演出的新纪录。

所谓人和就是市文化宫有一位优秀的创作老师曲信先。曲信先从大量古今中外的经典剧本中概括出了很多创作手法，包括安排剧情结构、刻画人物性格、设计人物对话、渲染气氛等。他还把在当时被认为是毒草的教科书，美国哈佛大学戏剧教授乔治 · 贝克撰写的《戏剧技巧》带给他的学生们看，实际上，使这些业余的学员受到了非常专业的培训。同时，这些学员们来自基层，与普通的工人和市民保持着密切的联系，与千百万老百姓的精神息息相通，容易了解广大观众的戏剧需求。上海市工人文化宫还有一个小戏表演班，有一位优秀的台词和表演老师苏乐兹。在文化宫这块适宜的土壤里，工人学员经过自己的刻苦努力，写出剧本，再经过表演班学员的表演实践，反复修改，打磨出一部部优秀的剧本。

这一群剧作家充满对生活的激情和对工业题材的偏爱，他们的目光始终对准社会大众特别是工人阶级，对于人民大众的心声和关切尤为

* 上海市工人文化宫的影视作品剧照

敏感。只要是改革过程中出现的，工人群众又十分关注的问题，别人不敢写的，他们敢写。他们的作品既写出了上海在建设国际化大都市的进程中取得的成就，又写出了改革过程中社会所经历的不可避免的阵痛。舞台上的喜怒哀乐牵动舞台下的五味杂陈，畅快淋漓，蕴含丰富。这一群剧作家又是戏剧艺术的探索者，他们追求戏剧艺术的现代化但抵制艺术趣味的低俗和粗鄙。他们在艺术上的成功并非一蹴而就，但是探索的脚步却从未停止。

1. 80年代

80年代第一春，诞生了第一部探索剧《屋外有热流》，作者是马中骏、贾鸿源和瞿新华。当时，马中骏是城市建设局市政工程处机修厂工人，贾鸿源是上海市印刷四厂的工人，他们在1979年一同参加了上海市工人文化宫第6期小戏创作学习班。

这是一出情节简单的哲理剧，剧情发生在一个孤儿的家庭。舞台被一分为二，用几何图形的景物构成，一堵无形的墙将弟弟和妹妹的寝室隔开。大幕开启的时候，风雪声起，兄妹俩听说大哥赵长康可能要病退回城后都各怀心计，暗伤脑筋。为了如何分担大哥的生活费问题，两人发生了争执，兄妹两人从七三开争到六四开，还是没有结果。最后决定以哥哥的名义写报告向领导申请补助，“有捞不捞猪头三”。这是80年代初计划经济时期，工人们为弥补工资收入的不足而经常采用的方法。虽然剧中的兄妹并非经济拮据到了无以为继的地步，但是剧本还是透露了工人争取经济补助的不易这个现实，所以妹妹才会奚落二哥把一分钱看得比圆台面还大，而二哥也讽刺妹妹铜钱眼里跳伦巴。两人为怎样把握词语才能得到领导的批准而争执不休，昏昏欲睡时，大哥的灵魂出现了。

在弟弟的房间，弟弟说还是搞写作吃香，拼凑虚构离奇的故事可以名利双收。那些写文章发表的，一靠看行情，跟形势；二靠走路子，开后门；三靠抓机会，碰运气。观众们可以从这样的台词中感受到，十年动乱是如何搞乱了青年们的思想，打消了他们高尚的精神追求。在妹妹的房间，妹妹在蒙眬中把哥哥当做了幻想中的情人，她说，你带我走吧，离开这个穷地方。大哥对她说，国外人无非多了一点钱，可一个人的灵魂，用金钱是买不到的。

当兄妹两人的内心都在想着自己的时候，他们感觉到了寒冷。于是，舞台左角用一柱光束幻化出10年前的情景。大哥为了多挣点工钱养活弟妹，报名到黑龙江的农场，那一年他才17岁，兄妹三人情同手足，难舍难分。这时，幕外传来了摩托车的声音，有人喊："49号，姓赵的电汇单。"时空又变回到现在。兄妹俩猜测，电汇单上的一千元钱是病退补助费还是安家费，是积蓄或是奖金。大哥的幽灵又出现了。大哥告诉弟妹，自己离不开那里的黑土地，离不开冰天雪地里的稻种研究所，连长为了改良稻种把手表都卖了。自己只是研究所的一名勤杂工，为了给大家增加营养，就两个月没给你们寄钱，可是你们连一封信也不给我，好像根本没有我这哥哥，你们的心不再是热的。

兄妹俩为了争夺大哥的电汇单又争着把大哥拉到自己的屋里，大哥穿墙而过。大哥告诉弟妹，这钱你们不能用，这是农场职工的血汗钱，于是，弟弟妹妹又绝望地让大哥走。大哥痛苦地面向观众呼喊：

> 你们谁看见了他们的灵魂？你们快告诉我，他们在哪儿丢失了灵魂？你们不知道他们还年轻，还要活下去吗？你们既然睁大

眼睛看得那么仔细，为什么坐着一动不动？不吭一声？我们不应该在责备生活中生活下去啊！噢，我看出来，你们在思索，在痛苦，和我一样在呼唤，在寻求：回来吧，那发光发热有生命的灵魂！

说完，大哥就消失在屋内。弟妹两人冷得直打哆嗦，只能跳舞驱寒。突然音乐中断，收音机里传来黑龙江群众沉痛悼念因公殉职的大哥的新闻。弟妹两人这才知道，这一千元钱是大哥的抚恤金。他们用力高呼："大哥，你在哪里？"只听到空气中回荡起大哥的话："我在你们身边。你们看，走出屋外，站在高处，和人民在一起，你们就不会冷；只要为国家，为大家做点事，你们就会有热量。"这就是卒章显志，屋外有热流之意。

剧作揭示了十年浩劫摧毁了青年人的信念和精神，使他们从政治狂一下子又变成了金钱狂和物质狂这样一个令人忧虑的现实，呼唤青年人正确理解人生的价值，正确处理个人和集体、精神和物质的关系，具

* 剧作家贾鸿源

有很强的现实针对性和积极的思想意义。但是，作为一出哲理戏，剧本要阐明冷和热、屋内和屋外的象征关系，仅用独幕剧的形式显然不堪重负。屋外为什么代表热流，屋内又为什么代表自私和庸俗，剧作无法说清楚。屋外的热流都是好的吗？十年动乱难道不就是在社会上上演的一出荒唐的闹剧吗？青年人难道不就是在“读书无用论”、“破四旧，立四新”、“有捞不捞猪头三”这种社会风潮的影响下扭曲了灵魂吗？这些概念的模糊正是工人剧作家在进步道路上留下的脚印，没有这样的脚印就不可能走向远方。

剧本的更大意义在于对荒诞艺术的试验。作者有意突破写实剧对舞台时空的限制，让时序颠倒，又使空间串通，生者和死者会面，演员叫观众回答，这一连串奇特的戏剧手法有助于强化弟妹和大哥思想境界的对立，有助于突出大哥内心的忧虑和真诚的呼唤。因此，剧本获得了全国总工会和文化部授予的“勇于创新奖”。

80年代第一春，由宗福先、贺国甫创作的多场次话剧剧本《血，总是热的》诞生。这个剧本使我们想起了1956年出现的“干预生活”的话剧《洞箫横吹》。《洞箫横吹》揭露了农村地区党内一些干部的形式主义和官僚主义，挫伤了群众走社会主义道路的积极性。剧作上演后在各个地区都普遍受到欢迎。可是到了1959年，却在反“右倾”运动中被列为“毒草”、被批为“宣泄对党的怨气”。作者海默也被打成“漏网右派”开除了党籍。1962年虽被平反，但“文革”中又被打成“反革命分子”，1984年再度被平反。可想而知，创作反对官僚主义之类的题材是多么的危险。20多年过去了，敢于直面现实，敢于揭露矛盾的工人作者（此时他们的创作还刚刚起步，还不能称为作家）又一次选择了这个硬题材。这一出反映工业改革的话剧同样受到观众的热烈欢迎，改编成同名电影上映后也广受好评。相比较而言，《血，总是热的》对党内不正之风的讽刺和批判更加广泛、更加深刻，对体制痼疾的揭露也更为尖锐。《洞箫横吹》的结尾，受压抑的社员刘杰觉得真正地抬起了头，而《血，总是热的》主人公罗心刚却面临审查和处分。这表明进入改革的深入期后，各种矛盾更加复杂，我们党和人民要战胜的困难更多更艰巨，可是却并没有飞来什么大帽子压在作者的头上。而且作者还获得了首届全国优秀剧本奖，这是使我们感到欣慰的。有的时候发发怨气更有利于事业的进展，我们需要大胆干预生活，推动改革前进的作品的出现。

戏剧矛盾围绕着凤凰丝绸厂厂长罗心刚进行生产工艺的改革展开。过去厂里生产的是圆网印花合纤绸，既粗糙又谈不上艺术设计，虽然产量高，可是销不出去，产品都堆在仓库里发霉烂掉。花样设计师白华根据国际流行趋势设计的花样却因所谓的情调不健康而被领导否决，人也被赶出了工厂，沦为卖冰棍的。新来的厂长罗心刚找到了白华，请他回厂重新发挥才能。罗心刚又和华侨经销商安凯签订了外销产品的合同。如果按合同生产，工厂将为国家创造大量外汇。可是这样一来，原来的机械化大批量生产就要改为小批量手工生产，工艺难度有所增加。这遭到少数工人的不满，更是打破了车间主任兼支部书记蒋定安和厂党委书记夏炳石已经习惯了的、安稳的工作格局。于是，蒋定安挑唆生产组长方瑛改变生产计划，致使罗心刚签订的合同不能按时履行，将要面临赔偿。与此同时，蒋定安又挑唆少数工人向上级揭发罗心刚违规与外商签订合同。上级纪委郑重其事地派了干部来厂召开审查罗心刚问题的群众会议，使罗心刚遭受事业受挫和组织处理的双重打击。

这个剧本最为尖锐的地方就是把罗心刚置于种种制度痼疾的围剿之中，使他为改变工厂不利局面所做的多方面努力悉数泡汤，从而达到作者要为改革之路扫清障碍而大声疾呼的目的。第5场尤为精彩，说的是几个局的干部轮番上阵围剿罗新刚的事。

办公室先是来了一个招工局的干部，说是来了解一下凤凰厂为何私自招收一个叫白华的设计人员。罗心刚说，他是工厂急需的专门人才，招收申请已经送上去两个多月了。那干部说，目前正在处理去年年底送上来的报告，而白华的事，要等一年零六个半月才能答复解决或不解决。罗心刚只能无奈地哀叹：白华这种人在国外，资本家早把他捧起来了。在我们这儿连靠他发财都不懂，宁愿叫他卖冰棍。最后答应写检查，保证下不为例了事。然后来了一个财务局的干部，说是来了解蒸化设备改造大修中的财务问题，因为把设备的外壳拆了，这就不算大修而算新造，也就违反了财务制度。罗心刚说，那个设备的设计最不合理的就是外壳，而且就算新造也并没有多花钱。那干部解释，不动外壳再多花钱也可以批准；而动了外壳则再省钱也是违法。多么荒唐的规章制度！这真是让人长了见识，罗心刚还是得答应写检查了事。第三个来人是质量管理局的干部，他告诉罗心刚，根据国家标准，出口丝绸的牢度必须达到3级，否则不能出口，而凤凰厂的产品牢度只有2级。罗心刚说，这是客户要求的，他们只注重色彩鲜艳，色彩鲜必然影响牢度，人家只要2级。干部回答说，他不要也得要，制度规定就是3级。罗心刚又必须写检查。

值得称道的是，作者把这三个干部设计成由同一个演员来扮演，这就构成了一个绝妙的象征和讽刺。说明我们的一些干部千人一面，循规蹈矩，墨守成规，是十足的官僚主义。而我们的一些制度脱离实际，空洞而教条，已经严重影响了国家的发展。中国的经济体制就像一台庞大的机器，好多地方齿轮都锈住了，咬死了，真应该让改革的暴风雨来得更猛烈些。

罗心刚的主要对立面是车间主任兼党支部书记蒋定安和厂党委书记夏炳石，前者是更难对付的。这个蒋定安虽然当了8年的车间主任，可是却连马达就是电动机也不知道，可见是个不学无术之人。技术员李子良告诉他这两个名词就是一样东西，他便恼羞成怒，警告对方休想入党。但是这种人一旦掌握了一定的权力就非要把权力发挥到极致。白华设计的丝绸图案他看不上眼，就说图案的情调不健康，不能投产，还以白华骄傲为由，积极主张让白华离职。罗心刚好不容易在大街上找到白华，把他请回工厂，使他发挥专长，白华也拿出一颗滚烫的心来回报工厂和国家。可是蒋定安却偏偏又向他泼上一瓢冷水把他气走，给罗心刚的改革计划来了个釜底抽薪。

生产能手宋巧珍的父亲是个大字不识的老工人，“文革”中一直被人当猴耍，无论是批刘少奇还是批林、批邓，都要让他上台忆苦思甜。他一个“小八剌子”能不遵命吗？到头来一没做官二没发财，临死前还住在一间烂草棚里。对于这样的死者，蒋定安毫无同情之心，反而一再当着宋巧珍的面说老宋头是“四人帮”的爪牙，逼得小宋信了上帝。这无异于大战之前动摇军心，又给了罗心刚沉重的打击。他擅自改变按外商合同要求安排的生产，导致逾期不能完成生产而必须赔款。他还鼓动一些不明真相的工人写揭发信告罗心刚，致使罗心刚分散精力不得不去应付上级的审查。后来虽然罗心刚撤了他的职，但是他利用在市里的关系调到红光丝绸厂担任了副厂长，居然还官升一级。

这种饱食终日、无所作为、只会拆台的人占据了工厂的实权岗位，就给罗心刚这样的实干家造成了很大的阻力，极大地制约了工业领域改革事业的进程。怎样才能把这样的人清除出领导岗位以保障改革的顺利进行，这是剧本向社会提出的一个严峻的问题。

夏炳石是另外一种类型的阻力。他也是在“文革”中受冲击的干部，复出以后却从反面吸取教训，不求有功，但求稳当，最最要紧的就是保住自己的位置，也就是保住既得利益。他对所有的改革和创新都没有激情，对所有新的生活方式都看不惯，连《我们的生活充满阳光》这样的流行歌曲也不想听，因为歌词里头有一句“心上的人儿啊快给我力量”。他教训那唱歌的青工说：“心上人给你力量，那党呢？”“文革”都过去几年了，他还想用忆苦思甜的老办法来改造青年人的思想。他对思想解放有恐惧感，曾说：“再解放怎么得了。”这样的干部虽然整天也忙忙碌碌，但是，该干的不干，不该干的起劲干，同样对实干家造成很大的干扰。比如，明明对艺术设计一窍不通，却对每一张花样设计图都要审查，白华不愿意听他的瞎指挥，他就说不许白华在党的领导面前狂妄。自居为党的领导，却不知已经玷污了党的形象。对于罗心刚单独和外商谈判，将凤凰厂的产品打入国际市场一事，后来虽经纺织公司批准，但他仍认为这是违反了涉外纪律，抓住不放。但是他的反对和蒋定安的阻挠有所不同，他之所以反对与外商签订合同，主要还是出于求稳怕事的动机。他心里头觉得改革出来的东西非驴非马，谁知管用不管用？搞不好要天下大乱，要复辟资本主义。说到底，他并没有从思想上认识到改革开放的重要性和必要性，所以实际上成了一个绊脚石还不自知。他还善意地对罗心刚说，只要他安分守己，向外商赔款的事可由自己来解决。这种好心办坏事的干部在实际工作中也并非少数，如何解决他们的问题也是改革家必须面对的一道难题。

罗心刚的爱人、纺织公司副经理孙建芳也一度从家庭关系上拖了罗心刚的后腿。当她听说上级要来调查凤凰厂向外商赔款的事后，她也劝老罗不要蛮干。她扑向老罗说道：“我是你的妻子，我为你担惊受怕了一辈子，解放前是怕枪杆子，解放后是怕你犯错误。照你的资历，你的水平，现在可以担任更负责的工作了。可哪怕在粉碎了“四人帮”以后给你落实政策，也只让你当个小小厂长，这说明什么……我们好不容易熬过了这十年，都老了。剩下的日子你就让我太太平平过上几天吧，我求求你了！”罗心刚却深情地抚摸着她说：“不能啊！我天生安分不下来。谁让你我都姓‘共’呢？我们这些人再撒手不管，那我们这个国家……不能啊！原谅我吧，原谅我！”罗心刚对党和国家的一片忠心最终还是感染了孙建芳，剧终的时候她对周围的人说：“如果需要，我可以在这儿宣读公司处分老罗的决定，但是念完了，我跟班长大叔一块儿去北京。”

班长大叔是革命战争年代的老八路，后来成了凤凰厂的勤杂工，他是看着夏炳石成长起来的。现在他看到夏炳石思想僵化，处处跟罗心刚拗着干，心里是真着急。剧本一开头有个细节写得很好，开会的时候，班长大叔忙着给大家倒茶水，别人的杯子他都倒，就是夏炳石的杯子他绕开了，让夏炳石好不尴尬。班长大叔虽然是个微不足道的小人物，但也是这个剧本里不可缺少的人物。当他听说因为赔款的事上级要处分罗心刚时，他心里就感觉到这是对罗心刚的极大的不公。他要上北京，去找过去的老首长、现在的大干部，帮罗心刚讨回公道。班长大叔的形象说明了罗心刚的改革是得到大多数工人群众支持的，越是心里头想着党和国家的工人，越是拥护罗心刚。只有极少数私心很重的人、混日子的人才反对罗心刚。这一点非常重要，不这样写，就不能体现党的改革开放的政策得到广大群众拥护和支持这个特征，也就不能展示生活的真实。

罗心刚是这出戏最大的悲剧人物，剧终的情节是他被撤销厂长职务，他想跟外商签订长期供销合同之事也没有着落。但是这个人物却充满了悲剧的力量，他的一身正气没有让人感到失望，而是使人热血沸腾，使每一个有良知的人都愿意向他学习，把中国的事情做好。观众们感动于他搞改革的动机，他心里想的是，号称丝绸之乡、蚕茧遍地的江南，外贸部门却要靠卖茧子维持，最有力量生产真丝的凤凰厂只能靠没什么人要的圆网印花滚点合纤绸过日子。所以，他心里憋不住，就在广州跟外商签了合同，要在三个月内把凤凰厂的产品打入国际市场，给国家创造更多的外汇，也给工人们增加奖金。当自己的生产计划遇到重重困难的时候，他心里想的是，我们已经没有退路，只有靠共产党人团结全国志士仁人，破釜沉舟，背水一战，拼出一个现代化。否则，将来再被打倒，就不会有人替我们平反了。要是没有蒋定安从中作梗，要是没有夏炳石这样的糊涂虫，要是没有那么多人浮于事的官僚主义的干扰和莫名其妙的规章，罗心刚一定就成功了。但是，改革绝不是一蹴而就的事业。几千年的陈腐的精神包袱和几十年的极“左”的思想观念并没有退出历史舞台。改革家必须面临来自经济体制、政治路线和文化观念的多方面挑战。而且这一场战斗可能更艰巨更持久，改革者任重而道远，这可能就是剧本最大的主旨吧。

1984年，马中骏和贾鸿源又创作了二幕话剧《街上流行红裙子》。这出戏以纺织女工为描写对象，反映青年工人们在社会变革的进程中逐渐找回真实的自我，成为生活的真正主人的心灵变化过程。剧作在结构上设置了两条平行的人物线。一条是劳动模范陶星儿，另一条是落后女工阿香。这两个人在外人看来似乎有着较大的差距，其实，面对剧烈的社会变动，她们两人都曾严重地迷失自己。陶星儿一旦被装进“劳模”的框子里，她就事事都要为“劳模”而生活。值班长让她念别人给她写的发言稿，尽管那里面写的不是自己，可还是要充满虚情假意地去念。她背不出这样的稿子，宁愿上车子干活也不愿脱产躲在一边死记硬背。她喜欢那条火红的、式样时髦的裙子，却不敢穿出来。她想和工友们平等相处、和睦相处，可是别人总是防着她、妒忌她。但是，在经历了孤独苦闷和认真反思以后，她终于从生活本身，也从他人身上明白了做人的道理。她决心做回一个普通的、真诚的自我，用真心去感化和帮助阿香。

陶星儿是个立体的形象。一方面，我们看到了在新旧交替的时代，劳动模范已经不是那种“五分加绵羊”的主儿了，她在意于领导对自己的评价，也在乎周围的群众和自己的关系。她不愿做那种鹤立鸡群、高处不胜寒的人，她希望大伙儿跟自己一同跟上时代的潮流。所以，她虽然有过迷茫和孤立，但是最终还是赢得了大家的尊重，也赢得了爱情。另一方面，我们也看到了在培养劳模的政治工作中，一部分领导仍然没有摆脱过去那种拔苗助长的培养方式，弄虚作假的宣传方式，以及那种硬要绿叶衬红花的领导方式。这种工作作风已经严重地不适应改革开放的现实了，必须尽快使之转变。

阿香是个更有代表性的，而且塑造得十分鲜活的形象。她是改革开放的受益者，从农村来到城市，成了织布厂的女工。可是她的内心深处还是旧的、城乡二元对立的思想。她认为乡下人就是低人一等，所以，她非但不敢承认自己有一个生活在乡下的哥哥和嫂嫂，还欺骗别人说哥哥在香港。为了取得别人对自己的羡慕和尊重，她又自己贴钱、排队帮小姐妹买这买那，谎称是托香港的哥哥代买。当哥哥带着病重的嫂嫂来上海看病，还特意双双到工厂探望她时，她的内心也被亲情所打动，对自己的行为产生一丝愧疚。后来，她在陶星儿的批评和鼓励下，认识了自己的错误，接受了生活的教训，跟上了时代前进的步伐。作者对阿香行为的设计很见功力，她的那些小聪明既个性化、又女性化，若不是对女工的生活花过一番调查了解的功夫，就绝对写不出来。然而，阿香也仍然是一个可爱的姑娘。她单纯直率的性格和对美的追求都是讨人喜欢的。我们有理由相信，她会在改革的大潮中不断地完善自我，把自己变成一个真正的工人阶级的一员。

剧中的次要人物葛佳也是可圈可点。她的操作技术跟陶星儿不相上下，但是劳模只能有一个，因此她总是被值班长当做扶持红花的绿叶。她有点儿不甘心，有点儿妒忌，存心疏远和孤立陶星儿。但是她并无太多恶意，其实是在心里关心着陶星儿。她好学上进，立志要靠自己的真本事考上大学，大胆挑战推荐入学的招生制度。后来，她如愿以偿地收到了大学的通知书。但是，当她得知这是陶星儿为了成人之美而没有完全发挥考试水平的时候，她就断然决定重回织布厂。

总而言之，剧本借一个小小的女工更衣室和女工宿舍，展现了多种生活的面貌和复杂的人性。剧中的人物虽然个个都有一些缺点，但是个个都真实而生动，她们在时代的潮流中前进。因此可以说，这出戏洋溢着对生活的热爱，对改革开放的信心。

在艺术上，作者也进行了一定的探索。红裙子的创意是一个颇有时代感，而且十分符合女工身份的一个象征。它的火红的颜色、下垂感明显的质地，和伞状的造型，无疑成为舞台的亮点。它象征青春、象征美丽、象征充满希望的未来。

配角人物吹箫的老头也是一个很好的点缀。他的箫声时而悠扬，飘飘荡荡，继而节奏轻快如小溪淌水。时而慢如缠藤如诉如泣，忽而鼓声咚咚犹如马蹄践地。这箫声象征生活的变化丰富多彩，有滋有味。在情节上，作者突破了经典的“三一律”要求，没有设置完整的故事，而是用几个平行的情节小段连缀成整场，追求一种散文化的结构效果。这样的探索给观众带来了新鲜感，基本上是成功的。但是，作者在剧情的交代上仍有一些模糊，陶星儿到底有没有出过疵布，她在大学选拔考试中是不是故意让分都语焉不详。不过，瑕不掩瑜，这个剧本总体上还是一个好剧本，经改编后，它被搬上了银幕。

2. 90年代

1991年，贺国甫创作了多幕剧《大桥》，这个剧本是市工人文化宫剧作家群的作品中得奖最多的一部，获得了第二届上海文学艺术优秀成果奖、宝钢高雅艺术奖、文化部文华大奖、中宣部“五个一”工程奖和全国优秀剧本奖。剧本的主题是既展现出上海南浦大桥造桥工人的感人事迹，又展现出工人们的造桥工程其实也是一个争光的工程。

第一幕里出现了一个只有三句话台词的天津人的角色，但是这个角色却是个点睛之笔。他在上海公交车的站头上说：“你们上海的车怎么空放不停啊？这叫嘛事！上海交通还是老样子。不说北京，就我们天津，内环路、外环路，交通倍儿方便！”是的，改革开放都十几年了，兄弟省市好多都已经大步腾飞了，可是上海的交通还是老样子。交通的瓶颈制约了上海经济发展的速度，也让上海人在外地人面前觉得脸上无光。

第三幕里也有一段令人汗颜的对话，那是在黄浦江的某个轮渡口，一个胖女人埋怨说：“摆渡像打冲锋，天天吃人参也顶不住。”另一个瘦女人帮腔道：“你没听人说，宁要浦西一张床，不要浦东一套房吗！”这是80年代上海人的真实想法。上海人不会忘记80年代末发

* 剧作家贺国甫

生在陆家嘴轮渡的踩踏事件，那一次因拥堵而造成的踩踏致使16条鲜活的生命消失。

剧本还毫不客气地批评了上海人过去所拥有的那种小市民性格，用工程队长罗大卫的话就是："上海这两年落后了，上海人怨气冲天，上海人牢骚满腹，可是作为一个上海人，你想过没有，除了客观原因，你上海人自己有没有责任？是的，上海人聪明，上海人能干，上海人为国家做出过很大的贡献，上海人能把8平方米的房间布置得山青水绿，可是这狭窄的空间使上海人的心胸也变得日益狭窄。上海人把百来元工资精打细算，照样过得有滋有味，可上海人也因此学会了斤斤计较。上海人窝囊，上海人小家子气，上海人缺乏敢冒风险的精神。可我们上海人最终不得不在上海过。"

剧本如此尖锐地批评上海，批评上海人，这在上海籍作家的文学作品中十分罕见。因此剧本带有反思和警醒的意味。生命的代价、时间的代价、效率的代价，都压得上海人喘不过气来。谁都在想，上海早就应该在黄浦江上造大桥了。可是，造大桥何其难也！民国二十几年的时候，上海滩几个大亨搞了个"都市建设委员会"，请德国人来造大桥，结果没有搞成。所以，南浦大桥的工程就是一个争气的工程，要为上海工人阶级争气，要为中国工人阶级争气。作者通过工程总指挥的口表达了上海市政府的想法："上海的情况很严峻，生产滑坡，财政收入减少，市民情绪受挫，上海已经老了，精疲力竭了。如果上海要想尽快地重新崛起的话，就得改革，就得开放，特别是开发黄浦江边的大片土地！开发浦东，开放浦东，要使外国人、外省人，甚至我们上海人相信我们的诚意，相信我们的决心，那么，我们一定要在黄浦江上架起几座桥来。我们已经让老百姓失望过好几回了。今天，再不能让他们失望了。"

不管这样的话是否真有事实来源，但确实是反映了上海人民的心声。上海人民希望市府领导说过这样的话，并兑现诺言，尽快动工，让两岸早日变通途。作者更是满怀崇敬地为我们塑造了一群可爱的造桥工人的形象。他们放弃了休息，瞒掉了病假，减少了和恋人的见面，烂掉了家乡地里的庄稼，牺牲了一生中最美好的时光，全身心地造桥。他们为南浦大桥的建成做出了巨大的贡献。

造桥工人在这场造桥工程中绝不只是一般的劳动力，他们是把自己当做主人来看的，他们有一种神圣的使命感。这个工程不只是要在黄浦江上建起一座大桥，还要使工人的精神思想和技术水准都上一个台阶。因此，当混凝土浇捣中出现几个蜂窝麻点时，混凝土班班长毫不迟疑地要求工人返工。当一百平方的混凝土用错了水泥配比需要推倒重来的时候，个别工人也曾说过这样的话："这祸又不是我们闯的，谁配错水泥谁来干。"陈总指挥语重心长地教育他："你知道不知道这座大桥在上海人心目中的位置有多重要，分量有多重？即使水泥的强度也能达到设计要求，但是大桥的安全储备就降低了。也就是说，事故的阴影将永远留在大桥上，留在上海人民的心中！"工程队长罗大卫也说："这些日子里，大家拼死拼活白天黑夜地干，才使这座桥塔一点一点地往上升，现在要叫我们把这么高一截亲手打掉，太残酷了！接到命令我大哭了一场，有生以来这么揪心地哭了一场！但是，抹去眼泪我们还是得干。谁叫我们是造这座大桥的工人呢！大桥是上海的希望，是上海重新崛起的象征，它向世界表明我们上海人有决心、有信心开发浦东，开放浦东，重新把上海建设成为世界第一流的城市！百年大计，要向上海人民负责，这中国第一、世界第三的大桥上，我们不能给它留下半点污点，造成永久的遗憾！"说得多么好啊！这就是上海工人的主人公精神。造桥造出了这样的精神，才是最大的收获，但愿各行各业的每一位工人都学到这种精神，少出一些事故，少留一点遗憾。这个剧本之所以获得了那么多的奖项，我想，正是因为需要弘扬这种一丝不苟的科学精神吧。

《大桥》在艺术上也是具有探索精神的，它没有叙述一个完整的故事，而是围绕着造桥或者剧中的人物，把一些散片式情节拼接起来，所以是一种散文化的结构。这种结构带有一点空灵和诗意的感觉，比较抒情。不过，也稍稍有点过分。比如罗大卫的妻子林洁和罗大卫闹离婚，就有点离题。林洁先是辞职开酒吧，后来又关掉酒吧搞公司，用罗大卫的话来说，她是一个为金钱而堕落的女人。但实际上她不是，她只是要追求人生的价值。所以，后来罗大卫苦涩地自言自语道："真奇怪，我能造这样的一座大桥，却不会在你我之间也架起一座桥。"两个好人也会因为种种原因产生矛盾，也有戏好写，但是，放在这出戏里不合适，有点冲淡了主题，造成枝蔓。

1999年，贾鸿源写出了无场次话剧《中国制造》，获得了中宣部"五个一"工程奖。这个剧本具有明耻反思和飞天梦想双重性质。半个多世纪前，中国遭受日本帝国主义的侵略，中国人普遍具有勿忘国耻的精神，经过8年艰苦抗战，终于取得保家卫国战争的胜利。那么，选择改革开放道路，加入世界经济发展的大潮流，要为子孙后代挣下一片新天地的中国人，是不是能够缩短我们交付学费的时间，早一点把我们民族的飞天梦想实现呢，这个剧本提供给我们的，就是这样一个沉重的故事。

我想，每一个观众大概都不会忘记剧本主角之一、国营加美丽化妆品厂厂长刘子义的话："多少年来，我就是想放一把火，让加美丽燃烧起来，让更多的国企燃烧起来！看看周围的生活：我们的孩子一生下来就吃'强生'奶粉，用'强生'润肤霜；稍大一点，他们吃'麦当劳'，喝'可口可乐'，穿的是'苹果'牛仔裤、'耐克'运动鞋，洗头发用'力士'、'花宝'、'海飞丝'……而所有这一切几乎都是在中国的土地上、中国的工厂里、靠中国工人的双手做出来的。为什么同是这双手，能生产出外国品牌，却不能创造自己的品牌？”这就是作者为我们塑造的具有民族责任感的中国企业家，剧本的价值一大半体现在他的身上。中国的企业家不能光懂技术，会管理，他首先应该具有的是民族责任感。他生产出来的产品如果是给国人用，就应该是对民族的生存有利的，在这个基础上取得利益的最大化。他生产的产品如果是给外国人用，那还要加上给中国人挣面子这个要求。如果他能够做到这些，品牌就立得起来了。

剧本里的第二主角是一个叫朴雄一的韩国人，他先是受雇于中外合资联合花宝公司担任质量管理员，后又被刘子义聘为国企加美丽化妆品厂质量管理员。在剧中，他好像是一名教师，教会我们的干部和工人懂得品牌惟一的来源就是质量。这是一个大胆的思路，在考虑这个人物时，作者心里是否曾有过顾虑？改革开放都已经20多年了，难道还需要一个普通的外国员工来给中国人上课，管理中国工人吗。这样写是否会有麻烦呢？但更为重要的是，作者这样写了，这就是工人作者敢于突破、敢于碰硬的鲜明特点。

故事开始的时候，剧中的工人对朴雄一的管理也是十分反感。有一天，朴雄一看见女工张小妹没有把头发完全藏到工作帽里，就发出了严厉的斥责。他说：“如果有头皮屑掉到产品上，是非常令人厌恶和糟糕的事情。潮湿的手万一在包装盒上留下水印，也会让人产生不愉快的感觉。”张小妹在贴商标图案时因为没有仔细分辨，把上下贴颠倒了，朴雄一发现后立即要求翻箱倒库把所有错贴商标的产品都查出来，遭到工人的抵制。工人认为商标贴错并不影响质量，没有必要兴师动众。朴雄一则坚决命令，要是不查出来，所有工人都不许下班。张小妹“哼”了一下擅自走开，说是去换破了的衣服，朴雄一发怒道："在这种时候你还只想着自己？"张小妹顶了嘴，随后就挨了对方一记耳光，由此引起工人的骚动。张小妹的丈夫赵大龙愤怒地对朴雄一说："我老婆我自己都舍不得打，让你们外国人打，老子和你拼了！"朴雄一为自己辩护说："打她耳光是想让她吸取教训。"群情哗然了，有个工人说："什么合资企业，钞票不多，气倒不少，还不如回娘家厂混混舒服。"

在工人赵大龙的眼里，打老婆是丈夫的一种权力。在一些工人的眼里，如果钞票多，气也就可以忍受。国企老厂可以混日子，比起合资厂这是一个优点。仅仅这一个细节，就使我们看到中国工人思想上因袭的负担多么沉重，工人阶级面临这场改革时需要同时改变外部世界和自己的内部世界，这是一种对"五四"启蒙文学精神和现实主义文学传统的继续，十分难能可贵。面对工人们的群情激奋，作者让刘子义痛心地说出下面的话："她挨了记耳光，我也挨了一记耳光！你们都看见了，合资公司最后一条生产中方产品的流水线换上了外方产品，也就是说，加美丽将在中国人的生活中消失了！这记耳光，不光是打在我一个人的脸上，也是打在全体中方员工的脸上！难怪外国人说我们永远生产不出世界一流产品，也不配享用世界一流产品！这记有形的耳光你看得很清楚，可我们自己打自己的耳光，你为什么就想不明白？"读到这一段台词时，我流泪了。如果说，刘子义是体现主题的一条主线，那么，韩国人朴雄一就是一条重要的副线，两条线索缺一不可。

为了这一记耳光，朴雄一被开除，因为联合花宝中国公司董事长哈奇说，尊重所在国每一位员工的人格和国格，这是联合花宝在全世界的规定，任何人都无权破坏这个规定。为了这一记耳光，刘子义也决定辞去联合花宝中国公司副总经理的职务，重回加美丽化妆品厂，他要赎回加美丽品牌，重塑中国工业的民族品牌。为此，他放弃了哈奇承诺的每年25万美元的高薪。刘子义他到底为了什么呢，原来，加美丽是中国几代企业家花了一百年心血创出来的品牌，中国第一代发蜡，第一种洗发水，第一瓶定型摩丝，都出自加美丽。这也是国内惟一送给英国女王伊丽莎白访华的化妆礼品。赎回加美丽品牌，从花宝手里抢下市场份额，让加美丽也能成为国际品牌，这就是刘子义追求的目标。

但是，他的这个梦想最先遇到的阻力竟然全部来自他的老土地，老工厂。厂里的书记耿健康第一个反对，他认为现在外方每年支付给本厂一千五百万的品牌使用费，这种笃笃定定旱涝保收的好事到哪里去找。其他干部也说，我们不是朱镕基，国家的事管不上，管好几百个职工就很不错了，不要再翻什么花头了。对此，刘子义痛心疾首，他说："咱们这么大的一个百年老厂，都躺在这一千五百万身上，准备坐吃三十年，什么也不想干，这和三十亩地一头牛，老婆孩子热炕头的农民意识有什么两样？你们想过三十年以后吗？三十年以后外商返利的钱一分也没有了，加美丽也绝种了，我们这个厂也就彻底完蛋了。其实根本不用三十年，等到中国正式加入WTO那天，像我们这样小富即安，求稳怕变，不思进取的企业，就只有死路一条！我们现在真正的对手，不是花宝，不是哈奇，而是我们自己！"

光说大道理没人相信，为了彻底打通干部们的思想，刘子义自掏腰包请大家到五星级的宾馆，让大家亲身体验一下什么叫高档消费，什么叫星级服务。他认为如果对高品质的内涵连一点感性认识都没有，则什么美化人生、开发一流产品，都是一句空话。刘子义的一番苦心取得了效果，一个干部说："今天我至少是拎清了，再这样下去，我们真的离农民不远了。"干部们终于认识到，外国人赚中国人的钱，靠的就是质量，靠的就是品牌。

从总体上看，《中国制造》是一个现实主义的剧本，但是其中也有现代派的手法，体现了作者艺术探索的精神。剧本写了在五星级的宾馆，舞台上表演的广告模特雅霜女郎，她的形象亦真亦幻。刘子义想接近她，她却从他身边飘然而过。她，就是刘子义心目中永远美丽的加美丽形象的化身。最后，刘子义面对观众大声说道：“也许在我们的观念意识里，有些东西是需要反省、需要批判、需要抛弃的！开放的中国想要挺直腰杆与世界对话，必须先敢于对自己说不！鉴于加美丽今年的亏损，我谨向董事会提出引咎辞职。我只有一个请求，请让我继续留在厂里，哪怕当一名普通工人。我要亲眼看着我们的新产品，打上中国制造的印

* 《中国制造》剧照

记！”这个时候，一个崭新的雅霜女郎又走出了舞台。大幕就在这个时候落下。作为一台戏，大幕确实应该在这个时候落下，可是，我们中国人重塑民族品牌的大幕才刚刚拉开。作者希望我们在散场以后深刻反省，我们需要批判什么、抛弃什么。先破而后立，每一个中国工人阶级的一分子都应该担负起自己的责任！

这个剧本的台词设计也很见功力，工人群众和基层干部说的话都完全符合他们的身份地位，也很生活化、上海化。加美丽这个品牌使人联想到上海家化厂，他们厂的产品价廉物美，深受中老年女顾客的欢迎。使用他们厂的产品，不仅仅是消费产品的使用价值，而且是消费一种怀旧的情绪，怀念上海工业产品的风光。刘子义的台词则有点书面化，但是却充满正气，充满力量，慷慨激昂，具有很强的感染力。《于无声处》和《中国制造》都使人热血沸腾。前者是面对思想的挑战，后者是面对市场经济的挑战。在市工人文化宫剧作家的笔下，上海工人阶级永远都不向困难低头，永远都迎着困难而上。

3. 新世纪

2005年，贺国甫、宗福先给话剧舞台带来了无场次话剧《谁主沉浮》。人们又一次被剧作大胆的披露和尖锐的批评所震撼，仿佛是又一出《于无声处》。人们也为作者忧国忧民、为工人的利益大声疾呼的精神所感动。国家舞台艺术精品工程优秀剧本奖颁给了他们，名至而实归。进入新世纪以后，中国的改革开放取得了举世瞩目的光辉成就，国民经济增长总值连续多年在世界上名列前茅，奥运会的举办权拿到了，世博会的举办权也拿到了，载人飞船连续发射成功……但是，工人阶级的生产和生活状况却不容乐观,国有资产的流失情况触目惊心。改革开放已经走到关键的节点,该有人敲一敲边鼓了。工人作家能在工人群众的困惑面前闭上眼睛吗?市工人文化宫剧作家的回答是“不”。

《谁主沉浮》有一个副标题,叫做“道拉斯先生到来之前”,道拉斯就是Dollars,美元的音译。在美元、在金钱的诱惑下,有些人利令智昏,利用中国对外开放、对内搞活的政策,企图破门而入,大捞一把,赵琳就是这样的人。赵琳,所谓曼哈顿风险投资公司中国代表、东山市纺织总公司总经理赵自强的女儿。得知了父亲下属的新华纺织厂面临破产,她便把猎鹰一样的毒辣之手伸向了唐兰。她宣称道拉斯先生就要来了,就要收购新华厂,建立东方转基因中心。她还煞有介事地委任唐兰为美国曼哈顿公司首席研究院、东方转基因中心董事长。她为什么对唐兰如此感兴趣呢,因为她从父亲那儿知道,唐兰的丈夫罗亚平是省国资委干部,目前挂职东山市纺织总公司副总经理。在批准新华厂破产,是否同意让曼哈顿公司采用“零收购”方式收购新华厂这件事上具有举足轻重的作用。而且,唐兰罗亚平夫妻感情很好。所以,她就起用了明修栈道、暗度陈仓这一招。

另一方面,新华厂的下岗工人已经停工多时,很多工人的家庭生活相当困难。劳动模范李建国的女儿去年因为经济困窘放弃了高考,今年夫妻俩决定无论如何也要让女儿读上大学。李建国的妻子王秀英一时冲动,竟然偷了厂里的产品想拿去换点钱,正好被罗亚平撞见。写一个劳模的妻子去偷国家的财产,这就算不是触犯禁区,也毕竟不是讨好的事情,但是,这个情节符合生活规律的真实。人的思想意识决定于经济基础,过去的那种精神力量大无边的神话再也不会有人相信了。我们所能做的只有改变不合理的现实,中国共产党人所能做的也只有规范所有制的转换方式,调整全民的分配方式以达到尽可能合理的状态。所以,作者让罗亚平放了王秀英。因为罗亚平知道她女儿要考的是公安学院,对学生的政审比较严，父母出事对考生十分不利。

罗亚平这是一种什么样的情怀呀。从他的身上，我们想到了张贤亮的著名获奖小说《邢老汉和狗的故事》，生产队的魏队长那份对待邢老汉的同情和宽容，让生活在底层的群众多么地感激共产党。于是，他们就能分辨出，当官的跟当官的并不都是一样的人，总有人在关心着自己，所以，他们就没有丧失对党的信心，对前途的信心。罗亚平也是这样的一个好干部。

可是，唐兰中了赵琳的圈套，她在赵琳的安排下一下子花去了四百万开办费，唯有罗亚平同意曼哈顿公司对新华纺织厂实行零收购，她这四百万才无需归还。然而，新华厂的厂房和设备等等价值超过一个亿，如果让曼哈顿零收购的话，国有资产就全数流失，两千多名工人还得要政府安置。一边是妻子的巨额债务，一边是国有资产的命运和工人的命运，罗亚平该做如何选择呢？这就是作者在深入考查了工业领域的实际状况以后提炼出的尖锐戏剧冲突。罗亚平怀着一颗对党的事业无限忠诚、对工人阶级无限热爱的心，找到了民营企业家刘镇，说服他与新华厂实行资产重组。这样既能保住国有资产，也能保住两千多工人的岗位。

但是，老奸巨猾的东山市纺织总公司总经理赵自强却要帮女儿的忙而挖“自己”的墙角。为了表明当官的跟当官的不一样，作者给赵自强设计了两段十分精彩的对白，充分展示了这个笑面虎的厉害。他对刘镇说：“今后，新华厂的决策得同公司商量，同班子里的领导商量，毕竟，新华厂占百分之五十一的股份。要按党的原则办事，要按市场法则办事，要集体领导，新华厂毕竟不是你的私人公司，不能你一个人说了算。”“你一定要有思想准备，国企的毛病不是靠一个新的面料就能去除的。要有耐心，要有信心，要发扬愚公移山精神，一代一代挖下去，新华厂总有一天会搞好的。”他这个话是支持啊还是阻挠啊，精明的民营企业家不会听不明白的，果然，他吓住了，收回了和新华厂重组的决定。一片乌云重又笼罩在天空。

一身正气的罗亚平拿起了最后的武器，职工代表大会，这是工人阶级在共产党的领导下掌握的武器，它要为保卫国家财产和工人利益发挥作用。于是，老模范李建国广泛地动员了群众，在职工代表大会上否决了曼哈顿公司零收购的阴谋。罗亚平用工人阶级的力量鼓舞了刘镇，坚定了他的信心。最终，罗亚平取得了胜利。这是工人阶级的胜利，也是共产党的胜利。但是，这个胜利来之不易，它是与贪污腐败分子，与党内不正之风坚决斗争才得来的。作者并不忌讳揭示这些阴暗面，反而用一段段极具讽刺的台词分析之、批判之。作者让那个新华厂的腐化厂长宋志明在三千元钱的饭桌上说了这样的话：“烂船还有三斤钉，新华厂大钱没有，碎银子还是有的。”作者还让这家饭店的厨师长说出这样的台词：“革命就是请客吃饭，政绩都是吃出来的！吃跟不吃就是不一样！我们的干部这些年在饭桌上做出多大牺牲啊，吃得血压崛起、血糖崛起、中部崛起！（比划着肚子）”多么形象，多么辛辣！

对于罗亚平，作者同样也用了义正词严的台词展示他深刻的思想见地和闪亮的精神境界。比如他说：“谁说工人都是弱势群体？在经济上也许老李今天属于困难群体，可是在精神上，他还是钢筋铁骨！”他怒斥宋志明说，“就是你这种四面讨好、八面玲珑的行为，已经成为滋生腐败的土壤了：看见坏事，你们把眼睛蒙上；听见坏话，你们把耳朵堵上；需要你们坚持真理仗义执言的时候，你们又把嘴巴捂上！正是因为你们的油滑，让腐败分子误以为自己如鱼得水、左右逢源，他们才敢于这么疯狂，敢于肆无忌惮、为所欲为！我问你，一个共产党员的信念何在？一个国家干部的责任何在？一个公民的良心何在？”他还说，“我们从小就仇恨叛徒，甫志高、马家辉，这些都是我们心目中最丑恶的形象！可是今天，那些为了一己私利从内部败坏了党、挖了国家的墙角、侵蚀了人民利益的腐败分子，他们的行为不同样是出卖吗？绝不能容忍任何叛卖和变节，我也绝不允许自己，成为新时期的叛徒！”

剧作家们代人民立言，弘扬共产党员的公仆精神，鞭挞腐败分子的堕落行为，使我们在新世纪的上海文学中感受到一股强劲的雄风。要是没有这一股雄风，上海的文坛就太阴柔了。

十

从民歌到诗歌的升华

上海是产业工人最集中的城市，工人阶级一直就有创作民歌民谣的传统。解放前，纺织女工的人数很多，纺织歌谣也较为发达，比如《纺纱女工苦处多》："六月里来似火烧，/我伲热得要昏倒。/有事来把'先生'找，/电风扇下睡大觉。"又比如《放工》："家家灯火亮，/命令滚出厂。/队伍长又长，/人人松衣裳。/浑身摸几遍，/把我小偷当。"在上海工人三次武装起义中，工友们又创作了一批革命歌谣。有一首著名的《革命谣》是这么唱的："天不怕，地不怕，/哪管在铁链子下面淌血花，/拼着一个死，/敢把皇帝拉下马。/杀人不过头落地，/砍掉脑壳只有碗大个疤。/老虎凳，绞刑架，/我伲咬紧钢牙。/阴沟里的石头要翻身，/革命的种子发了芽。/折下骨，当武器，/不胜利，不放下。"

新中国成立以后，工人们有了自己的学校和乐园，那就是工人文化宫和俱乐部。文化宫是市、区都有，俱乐部是区一级的，工人们凭一张工会会员证就可以自由进入这些文化的殿堂。50年代初期曾是亚细亚钢铁厂工人的史玉新第一次踏进沪东工人文化宫时，情不自禁地写下："昔日皇帝建王宫，只为自身乐无穷，如今我们建东宫，全心全意为职工。"在工人的文化殿堂里，诗歌这种短小精悍的文学体裁就成了工人们的最爱，而上海市工人文化宫和沪东工人文化宫则成了培养工人诗人和推广诗歌活动的两大基地，后者又被称为工人文学创作的"摇篮"。白天，工人们在炉前炼钢、在车间织布，晚上，他们就带着火热生活的感受，来这儿尽情抒发。譬如李根宝的诗《烟囱》就从这儿传诵开来："高高伸向白云边，青烟缕缕绕蓝天。哪棵大树有你高？哪根天竹有你甜？你是一只铁手臂，高呼口号举上天；你是一支大毛笔，描画祖国好春天。"东宫还通过创办《文友报》、《东宫报》、《上海诗报》传播诗歌的种子，团结了一大批诗歌爱好者。著名现代诗人辛笛曾为《文友报》题写贺诗："诗言志，歌咏言，以文为友。乐莫乐兮新相知，郁郁乎文哉。"目前，沪东工人文化宫文艺创作中心主办的《上海诗报》影响已经扩展到全国，中心旗下的诗歌创作群也已从工人扩展到职工，成为上海群众性诗歌活动的中心。

文化宫主要的活动方式是建立诗歌创作组和开展赛诗会。创作组常年开展活动，聘请知名诗人、教授前来授课，点评习作。赛诗会则逢年过节都要搞，特别是红五月、国庆节更是赛得热火朝天。诗歌写好以后要上台朗诵，凡是写得有形象、有意境的，就会得到众人的大声喝彩，每一次都给文学爱好者留下深刻的印象。1963年，上海市工人文化宫举

* 新沪东工人文化宫外景

办迎春赛诗会，那一天，灯火辉煌，人声鼎沸，诗歌作者从全市各个地方赶来，连楼梯口都挤满了人，简直热闹非凡。活跃在上海诗坛的工人诗人几乎悉数到场，他们当中有李根宝、毛炳甫、郑成义、谢其规、仇学宝、居有松等等。他们都是当年的明星，很多工人都把看见他们当做是一种莫大的荣耀，而把自己的诗拿给他们评点则成为今后创作的极大动力。1965年“五一节”，沪东工人文化宫的赛诗会是诗歌贴满墙，锣鼓震天响。诗友们你一句我一句，群情振奋，书法家则大红纸上挥毫笔，现场赛，现场贴，把文化宫变成了诗歌的海洋。纺织女工殷银珠突发灵感献诗一首，经一位不知名的诗友修改，不久就登上了《萌芽》杂志，后来她果真走上诗歌创作道路。几十年过去了，参加过赛诗会的人们回忆起当年的情景还是记忆犹新，这往往成为他们走上诗歌创作道路的第一步。

早期的工人诗歌创作群众性很强，声势浩大。但是主要为民歌，真正称得上诗歌的作品并不多。从内容上看，工人民歌大多是政治性的，从抒发翻身的喜悦、阶级的自豪，到响应政府的号召大干快上地建设社会主义。无论作者是男是女，是老是少，传达的几乎都是群体的意志、群体的感情，颂歌高唱，讽刺诗基本上没有。个人生活和个体情感极少体现，因而在整体上呈现出平面化的特点。从艺术上看，是革命现实主义和革命浪漫主义的结合，较多地采用夸张、比喻、对比等手法，通俗直白，较少使用含蓄的修辞手法。这种情况是符合国情的，在政治上无疑起到了积极的作用。由于大量民歌紧密配合政治运动和工作任务，接近于标语口号，诗味不足，能够沉淀下来并得以流传的自然很少。但是，群众性创作活动毕竟催生出一些较为优秀的工人诗人，他们的示范带动作用客观上引领着工人民歌到工人诗歌的转变和升华。而社会的变革和思想的解放又从主观上激励工人诗人们不断探索，拓宽生活的视野，提升思想的高度，使工人诗歌逐步进入诗歌之林。

“大跃进”时期，成千上万的工人成了新民歌的创作者，他们的歌声既是时代精神的传声筒，也是他们内心激昂的自信心的喷涌而出。虽然在这个时期有大量政治概念化的、完全脱离生产劳动的民歌，但是，也有更多的民歌反映了工人的劳动和他们的精神。

不怕火舌蹿百丈，
不怕大汗湿衣裳，
矿石、铁块甩炉里，
定叫炉子多出钢。

——谷亨利《夺钢》

数好汉，建筑工，
天当厂房月当灯，
灯，灯，灯，
英雄离时万盏灯。
建筑工，显神通，
一砖砌到玉皇宫，
玉皇开门看，
头上红旗映天红。

——董清源《一砖砌到玉皇宫》

铁拳打倒“飞利浦”，
钢脚踢开英国货。

扭转乾坤创奇迹，
一年当做一天过。
新的品种如春笋，
产量提高三倍多。
乘风破浪向前赶，
远远超过老“飞歌”

——上海广播器材厂工人《英雄辈出豪杰多》

群众性的民歌创作不可避免地带着“大跃进”时期浮夸风的痕迹，但是这样的民歌毕竟是纯朴的。创作者们并没有想过要让自己写的东西登上文学的大雅之堂，他们只是自娱自乐，找到感情的一个宣泄口释放一番，使得明天的劳动更带劲，也给后人们留下当年建设生活的点点回忆。譬如上海广播器材厂的新“飞歌”赶上英国的老“飞歌”，还带有相当的历史认识作用呢，这样的民歌就有一定的“文物”价值了。群众性的创作活动必然产生出它们当中的一些可以称之为诗歌的作品，尽管这些诗歌也依然是纯朴的，但是它们毕竟摆脱了狂热的口号和简单的描写，代之以比喻和比较细腻的抒情。仇学宝1959年参加了伊尔18型飞机的试航后写下《飞翔在上海高空》，歌颂祖国工业的发展，歌颂家乡上海的发展：

黄浦江是一条镀金玉带，
满城的宝石花在闪光，
烟囱像晚雾笼罩的森林，
新楼像绿色稿笺上的诗行。

脚手架像长城连绵不绝，

新工业区在发展成长，
啊，飞跃前进的城市，
啊，万马奔腾的故乡。

“生产劳动从一种负担变成一种快乐”，这是恩格斯在《反杜林论》中论述社会主义的生产方式时对劳动的表述。翻开上海工人创作的诗歌作品，扑面而来的就是对生产劳动的热爱和乐观的生活情绪。纺织

1960 年代的工人诗配画

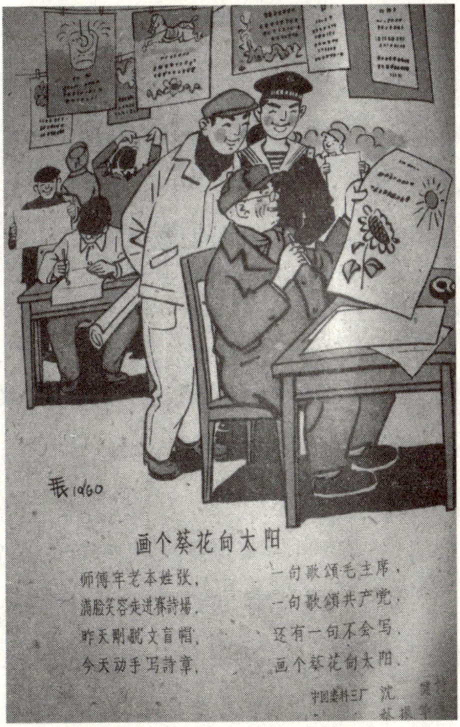

工人郑成义的诗《布上鲜花朵朵开》在当时广为传诵，还被谱成了歌曲。歌词写道：

布上鲜花朵朵开，
鲜花永远开不败，
鲜花本是我们栽，
机器一开就春天来。
嗨，嗨，嗨！
我们的劳动多光彩，
多把幸福的花儿栽。

这首诗歌用词非常朴素，但是在音节上却并不马虎，押韵自然，节奏鲜明，既可诵又可歌，充分体现了诗歌的音乐美。

上海工程机械厂的谢其规写了一首《翻砂》，紧紧抓住劳动的特征，语言干脆有力，音节朗朗上口：“黑脸，黑袄，黑手翻黑砂，修修，刮刮，墁刀飞上飞下。张师傅把砂比作花，墁刀整枝修芽杈：修出千台汽轮机，明珠挂满荒山洼。”

沪东船厂居有松的《火工谣》尽管写得直白，倒也反映了那个年代真实的劳动场景，体现了工人阶级高昂的劳动热情：“火工战斗船台下，手上乙炔开蓝花，榔头擂起震天鼓，再硬的钢板也听话。太阳西沉满天霞，火工抬头笑哈哈：我的衣上汗未干，你倒偷偷溜回家。”

李根宝的《纺纱姑娘》是少有的爱情诗，这样的爱情紧密联系着劳动，体现了当时“对象最好是劳模”的恋爱观：“棉花白，棉花香，棉花长在咱农庄，去年春天在乡下，情哥田中锄草忙。到工厂，把纱纺，心儿贴在棉花上，爱着棉花爱着纱，丝丝缕缕情意长。”不但对象应该爱劳动，而且最好是工农结合情意万年长。

在众多的颂诗战歌中，只有微乎其微勉强称之为讽刺诗的作品，自然显得颇为珍贵了，譬如大中华螺丝厂工人创作的《螺丝歌》："螺丝满地飞，只是不看见，若问何处来？真正勿容易；鞍山到此地，遥遥几千里。你若再浪费，螺丝要告你。"

60年代，上海出现了具有行业特征的工人诗人，这不仅仅是一种可喜的文学现象，也是上海各行各业经济建设突飞猛进的一个表征。这其中比较有代表性的是"铁路诗人"和"钢铁诗人"。较早涌现的是"铁路诗人"朱珊珊。18岁那一年，朱珊珊被虹口区工人俱乐部诗歌组的兰翔老师领到上海市工人文化宫，参加了1963年的迎春赛诗会。在会场里，这个愣头小伙子第一次亲眼见到了那么多鼎鼎大名的诗人。他没有想到，自己的处女作居然得到著名诗人芦芒的赏识，还被推荐在《青年报》发表。这样的结果让他欣喜若狂，就连觉也睡不着。初次成功的喜悦浸润了年轻人全身的每一个细胞，他下定决心要好好地写一写咱们的铁路和铁路工人。这首名为《第一次走上机车》的处女作确实是真情的流露，是铁轨上刮来的清新的风。

走进司机室我多么自豪，
前进的道路无限宽广！
"嗤，嗤！"炉门开处舞火苗，
我知道肩上担子重多少！

炉火啊，染红了我的眉梢，
豆大的汗珠在"乌金"上闪耀，
不管手上添了多少个泡，

我把煤铲举得高高!

这首诗妙在"嗤,嗤"的声音描摹和"乌金"的比喻下,它记载了蒸汽机车头的工作状况。最后两句在音节上虽然并不整齐,但是音顿合理,节奏鲜明,呈现出一种劳动的潇洒。

朱珊珊是南翔机务段的货车司机,开了十几年的蒸汽机车。蒸汽火车头上的工作状况与今天的动车相比,简直是天壤之别。熊熊的炉膛里要不断加煤,粉尘弥漫,蒸汽四溢,响亮的汽笛和笨重的车身把大地都震得发抖。面对这样的劳动,他没有埋怨,没有苦恼,有的只是自豪,多的只是责任。他把艰辛的劳动化作美妙的诗句,他陶醉在自己酿的这一杯生活的美酒之中。

* 诗人朱珊珊

铁道啊，是一支抖动金光的长笛，
西接陡峭山岭，东连坦荡平原，
那星星点点的只只孔眼，
就是吞吐万千建设者的火车站。

——《长笛》

把九百六十万平方公里
交给你
让你一次又一次呼喊
北京、上海、深圳
你喊泰山日出喊天山雪峰
喊醒童话般的新城
喊来南方浪潮汹涌

——《列车员》

这首诗写的是乘务员。谁都知道乘务员的工作辛苦劳累，单调乏味。可是诗人却充分展现自由驰骋的想象力，挖掘平凡工作中的诗意，展示她们劳动的价值。一位优秀的诗人不会永远唱着颂歌，他要思考和探索，把发现的目光从劳动的场地扩展到社会、扩展到所有的人群。进入新世纪，铁路诗人超越了铁路，谱下一曲曲新的生活诗章。

火车有时也要倒退
那是为了稳妥前进

车轮的可贵在于磨损自己

推动了历史而不原地彷徨

里程碑只是对过去的总结
征途万里却只是车轮的功劳

道碴只有团结在一起
才有自己存在的价值

火车不会因为到达终点
而放弃继续向前的旋转

雾能笼罩茫茫大地
却遮不住沉沉一线

铁轨为了通向希望的目标
即使弯曲也要顽强地延伸
——《铁轨上的断想》

诗的最后两段写得特别好，它道出了某些生活的哲理。诗如果能激发人们对生活的思考，提升人们对生活的理解，自然就是好诗。《一列火车穿过浦东》给我们带来了新鲜感：

一列火车抱着竖琴穿过浦东，
诗意的手指把创新时代奏响；
在一个每天都被奇迹震惊的城市，

铁轨上，沉甸甸闪烁耀眼的光芒。

瞧！东海的风掩饰不住的惊喜，

正揉进节拍和韵律全新的波光！——

浦东原来有过窄轨的小火车，为国民党所建造，说明浦东原先并非荒凉之处。但是建国以后小火车却又因无法维持而在“文革”中被拆除，这又说明上海的建设也曾一度迟滞。如今，宽铁轨的大火车从浦西穿越浦江到达浦东南汇的芦潮港了，浦东又有了纯粹运输意义上的火车，这表明浦东的发展进入了一个新的时期。一个发达的城市不能没有铁路，这一点铁路人有最深的感受。朱珊珊巧妙地捕捉到了其中的诗意，他的赞美和祝福我们全都拥护。随着火车的一次次提速，我们的铁路诗人也在追踪，他要在时速250公里的火车上写诗，让读者们一起感受新型电力火车头的风驰电掣。

70年代中期，钢铁诗人诞生了。他叫刘希涛，他在上海工人的又一座乐园和学校——沪东工人文化宫扎下了诗的种子。1958年的某一天，戴着红领巾的刘希涛走进了沪东地区最大的文化建筑——沪东工人文化宫，怯生生地挤进了人头攒动的赛诗会场。工人们脱口而出充满激情的朗诵，以及墙面上琳琅满目的诗篇使这位少年怦然心动，一往情深，立志走上写诗的道路。1961年，刘希涛用瞒报年龄的方法当上了福建部队的炮兵战士。金门岛马祖岛没有解放，诗倒写了不少，他成了一名战士诗人。1965年，刘希涛复员回到上海，成了一家电影院的宣传干部。可是，谁也没有想到，他居然放弃了干部编制，铁了一颗心要到钢铁厂，去写钢铁诗。后来，上钢二厂果然多了一名钢铁工人，诗坛上也从此有了一位钢铁诗人。10年的钢厂生活炼出了500首钢铁诗歌。

有生活不等于有诗，数量的多少也不能决定成就的大小。钢铁诗很难写，难的是写出钢铁人的形象，难的是挖掘出炼钢的哲理。当了钢铁工人的后5年，刘希涛写出了让人感动的钢铁诗，一位老工人的形象呼之欲出：

长年挥钎，
身体前弓，
日夜向火，
两颊酡红……
从人工砸铁，
到机械操纵，
活像匹老马呀！
驮着铁岭，
驮着钢峰……
退休那天
神情怔忡，
摩挲着，
那攥了几十年的钢钎，
突然，孩子似的哭了，
唏嘘里——
老泪纵横……

——《师傅》

炉前工典型的劳动场景、面容特征和劳动方式，这是写实、是描摹。他们劳动的价值和贡献，是虚写，用两个比喻表达祖国对他们的感谢，令人遐想和回味。但是退休那天，师傅却失态了，他的老泪纵横饱含着他对自己劳动岗位的无比留恋。这个形象似乎并不是那种“高大全”式威武雄壮的铁汉子形象，但是他真实生动，而且蕴含着哲理。如果每一个工人都发自肺腑地热爱自己的劳动，那么，在他们的手下，什么奇迹不能发生？这首《师傅》让人容易联想到臧克家的《老马》，深沉的爱国主义比起肤浅的歌颂不知好过多少倍。《父与子》写了新一代的钢铁人形象，但是，接班的主题已经不像胡万春笔下的《家庭问题》那样的虚假和概念化。诗人笔下的新旧交替揭示的是工业革命的必然性，是社会主义现代化的必由之路，但是，钢铁人的爱依然存在，而且更加深沉：

穿着西装
胸前一枚毕业章
如同一颗微型的太阳
他没来炉前接班
他把浅浅的微笑
投进炼钢炉里

儿子的工作室
四周全是书架
无数直线和圆圈
刮着信息的风
它们在制图版上
日夜奇妙地吻接

父亲走了，依恋中带着迷惑

但他分明感到
钢厂那粗砺的风
如今换了音韵

——《父与子》

两千个日子的辛勤汗水，两千个日子的欢欣和激荡提炼出了钢铁中的诗意，是那样的令人神往。美妙的比喻更多的不是来自训练，而是来自对劳动的热爱，对生活的激情：

一支铁的马队
从炉膛急速奔出

诗人刘希涛

扬起火的鬃毛

卷着热辣辣的旋风

挣脱一个小小的王国

尽享驰骋的欢乐

——《出铁》

这首诗除了堪称经典的比喻，还有独特的音节美。诗歌是不能只看不诵的，虽然新诗是自由体，不讲究句的整齐和节的匀称，但是依然要有节奏感，要有长短音顿的巧妙搭配。《出铁》的成功离不开它的琅琅节奏。钢铁诗不是炼钢的教科书，它是用炼钢人的眼光去审视生活，表现生活，歌颂人类对真善美的追求和高尚的情操。挣脱小小的王国去尽享驰骋的欢乐，就是表达了这样的意境。《火之骄子》有这样的诗句："在烈焰中燃烧，／在氧气里催化，／在白热下再生，／化成铁流、钢液……／排除身上的杂质，／消融心中的暗影；／丢掉了愚昧和僵硬，／着一身红袍脱颖而出！"这就使诗歌能够不拘泥于工厂和车间而带有一些对生活的理解。

改革开放不但使中国的政治获得新生，也使上海的工人诗歌创作在浴火中涅槃。电工季渺海受到过"帮风"的影响，写了一些浮光掠影的新民歌。80年代以后，他开始对生活进行沉淀，以全新的主题重新亮相，让我们看到工人阶级深邃的思想。他用钢铁工人的口吻对生活中的虚伪发出质疑："说你是钢，没有钢的秉性；／说你是花，没有花的芳馨。／炼钢工人告诉我说：你是靠别人发光的火星——／离开了沸腾的钢水，一落地便显出原型。"《铸造厂之歌》找到了砂轮前磨刀这个角度，用诗的语言总结了诗与生活的关系："我曾在雷声里寻找，／我曾在电光中采撷，／我寻找——／真正的诗句，／我采撷——／生活的火花，／一次次，在失望中徘徊，／一次次，在苦闷里挣扎！／看着他／磨掉钢刀上的锈斑，／我思想的砂轮，／也磨亮了淬过火的诗句！／啊，那刀尖上的光环，／不就是我要寻找的／——新的精华！”

邹国平也写出了崭新的钢厂抒情，他这样反思：“拉开火的帷幕，看昨天——／一幕幕惊心动魄：／理智被通上了强电，大话被压进转炉，／狂热在仪表上飞动，平衡被虚假颠没……／哦，我的祖国，／只有冻结的钢水挂在眼角，／是你痛苦而思索的泪珠……”痛定思痛之后，他发出如此深情的呼唤：

既然，我们熔进了悲泪和痛苦，
此刻，就将铸造希望和欢乐；
炼出一千支光的剑槊，
把昨夜留下的迷惘挑破；
再升高真理的热度，
熔尽冻结智慧的冰窟！
哦，祖国！
我们用生命铸出每粒晶体，
为把你簇新的理想雕塑；
我们将热血倾入你的心窝，
为让你绯红的希望喷薄！

唱惯政治民歌的李根宝改换了诗风，我们欢迎这样的变化，宁要健康自然的风花，不要空洞说教的口号。这一首《豫园》写出了上海工人在创造美的同时也享受着美：“一汪盈盈湖水，／框在树圈中；／一片碧绿树丛，／围在群山中；／一座青山翠岭，／笼在月纱中；／一轮故乡明月，／印在三潭中。”哦，他是把豫园的微型山水比作了西湖美景，我们感受更多的，却是对上海的喜爱。郑成义又从花布上得到了新的启迪，他写了《色彩的解放》，从色彩的解放，我们看到了上海人思想的解放：“那年月，牡丹只长叶脉，／那辰光，蝴蝶不带翅膀，／被禁锢的色彩啊，／恰似地壳下的岩浆。／若不是乌云散后出太阳，／哪来今天色彩的解放！／看雨涤叶青，日照花红，／叶尖滴翠，花蕊飘香。”

女工们再也不是铁姑娘了，她们的纤纤细指、窈窕背影都可以入诗，和她们的劳动一起构成一幅情景交融的美丽画面。纺织女工陆萍的《晨风轻轻吹》受到人们的好评：“姑娘练结，十指盈盈，／窈窕的背影沐着朝晖；／下了夜班还不回家，／打结的长纱飘飘飞飞。／啊，晨风轻轻吹。”

上海基础公司工人朱金晨笔下的工人也不是人们过去司空见惯的那种样子了，抛开烟囱和火光，把探头对着工人丰富的心灵世界，我们不是也能感受到工人阶级的情怀吗。他的《忆我的师傅》反复渲染主人公的唠叨，细腻地揭示了一个老工人微妙的心理活动：

我忘不了他的唠唠叨叨，
总像春天的雨丝在飘，
短了，又长了，
长了，又短了……
仿佛一天不对我唠唠叨叨，
我就会变成他手中，
那块还没焊牢的钢槽；
哦，在我记忆的小河里，
每天，他的唠唠叨叨，
就似早晚不息的潮，

方才落下，转眼又涨起……

老一辈的工人诗人谢其规也在新的时期焕发了诗的青春，他箫笛同吹，一支箫倾诉哀怨，一支笛高奏欢歌。他以一个过来人的眼光，仔细捕捉上海一点一滴的新变化。这是苏州河上打捞工人的心曲："我捞，我捞……/手持长长的网兜/一次次从寒风中捞起/漂浮河面的垃圾/我捞，我捞……/苏州河的清澈/寄托多少人的希望/付出多少人的辛劳/历史的揪心警示/化为冲刷病河的春潮/今天，不能把艰难获得的硕果/因为随心所欲和掉以轻心/再次失掉/不仅为我们这一代/也为子孙的/身心健康、日子美好"。他还写出了上海人对母亲河的祝福：

比曾祖母还老许多的苏州河呀
一如曼妙的青春少女
四溢着通体的馨香和美丽
惊艳的目光情不自禁地
从四处投来

——经过梳理、美容的她哟
比泰晤士河、塞纳河
还要清凉、美妙
今天，她的每个波浪、每个水域
都有云的倩影、花的笑靥、鸟的啼唱
以及空气中飘浮着的草木微馨

缪国庆，上海港务局的驾驶员、港监员，他的诗是水手的诗，他写出了海上的气息，他写出了上海的风格。

吴淞口，我的父母之邦
望云蒸霞蔚，望穹天高远，
望黄浦、扬子江交汇，望烟波浩荡，
望鸭窝、瑞丰两沙，望吴淞要塞天然屏障，
望高桥重镇隔江对峙，望百里江堤亘亘绵长，
我满载着爱的矿藏，投入你博大的胸膛，
啊，吴淞口，我的父母之邦

中国，我该怎样爱你啊？以民族的骄傲。
我无颜自足于造纸、活字印刷、指南针和火药，
我愧于重蹈丝绸之路、却让水道搁浅龙骨的呼号。
可是中国，我该怎样爱你啊？因为爱你，
在你的船桥之上，我要作十万吨级的思考。
我是思考的一代啊，然而我不会滞留于思考，
我是奋进的一代啊，终于找到你，新辟的航槽！
封闭的夙怨开始膨胀，热情已经燃烧，
我已拔锚，急遽地，急遽地驶向口外，
以航槽去衔接航槽，似星辉斑斓的大潮……

90年代，一个新的名字跳入人们的眼帘，他叫程林，1970年出生，上海强生出租汽车公司的员工，诗歌界称他为“的士诗人”。原本笔者以为会从他的诗歌里看到对出租汽车司机的生活描写，笔者有一种好奇的期待。可是，笔者看到的是一位司机的眼睛，它随着小汽车的车轮穿

梭在城市的大街小巷，穿透城市的高楼和霓虹，用精神来评判这座城市。所以，确切地说，程林是一位城市诗人。他的行业特征决定了他到过的地方比我们任何一个普通的上海人到过的地方都要多，所以，他才会有特别的感觉和诗情。

虹桥地区和外滩，除了地理和商业上的差别，我们还能看出什么呢？读了《午夜站在延安路天桥上》，我们有了新的比较点，那就是审美。“这座桥／没有汹涌的河水／只有时间／但偶尔有几辆别克、奥迪／从我的脚下／向虹桥高尚生活区钻去／那里有浓妆艳抹的霓虹灯和口红的海洋／他们就在我的脑后／只是我不愿回头”。程林作为一个知青子女，19岁回沪，先读技校，后当出租司机。他在江苏农村的家庭并不富裕，7岁时就早早地学会了帮父亲为乡里人熬药送药，只为得到每服药五分钱的服务费。成年以后他来到上海，在舞蹈学校附近多次接送年轻的女孩。但是他没有那种来自乡间人所惯常的思维，他

诗人程林

不愿看清楚这些漂亮女孩的脸。相反，他却注意到了“一位褴褛的老人／肩上一只麻袋／手中一根竹竿／旁若无人地走在宽阔的 8 车道上”。他希望“昏黄的街灯变得明亮／老人的步伐灵巧一些／天亮之前／延安路就会把他送到外滩／那是上海／最早看见太阳的地方”。在这个新上海人的眼里，最美的景象是那种与大自然浑然一体的东西。宽阔的8车道应该容纳所有的人，而不只是别克和奥迪们。在这个年轻诗人的身上，我们感受到一种独特的审美眼光和宽阔的胸怀。

有的司机开车只为挣钱，记忆中只有交通法规和道路变迁。但是程林总是在思考这座城市，思考城市人的生活。车轮滚滚，滚出了一首又一首思索的结晶。有时候，车开到半途灵感来了，他就马上停住车子，掏出小本子把灵感记下。虽然，他向乘客作了道歉，但是不知道乘客能不能原谅，他天生是为诗歌而生。外滩的黄昏每天都美丽，她是世界对上海人的馈赠，可是上海人却总是匆匆而过，不肯停下脚步好好地享受一番。为此，他感慨万分写下《外滩的黄昏》。诗中写道：“黄昏是一种过渡／如同每天回家的那辆公交车／中山南路的车流／像一个便秘患者的大肠／在艰难地蠕动／更拥挤的人群／在车厢里前俯后仰／左冲右突／上上下下／只是没有一个人／会为外滩黄昏的温柔／停下他们匆忙的脚步／大街小巷的路灯／全在设计好的同一时刻／打开了上海璀璨的夜晚／其实外滩的黄昏是短暂的／不会比这首诗还长”。看了他的诗，我也有了同感，是啊，我们有时间忙碌，却没时间欣赏这座城市，忙碌的意义在哪里？

程林的城市诗大多是凝重的，或许因为自己是一个新上海人，他有浓重的过客心理，更容易站在一个他者的角度审视这座城市。他在《恒丰路的新客站》里写道：“在恒丰路的上海火车站／我像一个真正的过客／却找不到一件值得带上路的行囊／我不是那些背着棉被、草席／或者拎着一只特大号蛇皮袋的外乡人／他们骨骼粗大的手掌／只能蹲在工棚前端起一只白搪瓷碗/他们宽阔厚实的肩膀/根本扛不起招聘启事上那枚大学图章/他们是这个城市的脚手架/他们是一根根背井离乡而格外坚韧的毛竹/当高楼大厦成为晚报头版上又一个高度时/他们却怀揣工钱四散而去/搭上了另一列开往南方的火车”。在他的诗里,有一种人道的温暖,使我不由得想起艾青的《大堰河——我的保姆》和《为什么我的眼里常含泪水》。诗人忧国忧民的人文情怀和对普通劳动者的怀念使人们深深感动。在今天的现代化大都市里,我和他,我和你,也并不是那样截然地分得清的。防盗门和防盗窗隔得断有形的东西,可有时候也隔断了自己逃生的路。只有彼此关切,共同发展,方才有安居乐业的幸福。

程林对城市有一双尖锐的批判的眼光,别人看到巍峨的建筑,他却看到城市的灾难,他这样写:“现在交通完全陷入瘫痪/大崩塌的诗歌/堵塞了世界惟一的叙述方式/堆积的词语下,压满尸体/天空只有保持沉默/救援的队伍一直没有出现/远方恐怖的轰鸣声正踏进我们的胸膛/黑夜啊,你还要我们看见什么/我们已经寸步难行/面对每一条埋着危险的道路/我们不得不丢下自己的胳膊或大腿/也许我们不能活着回去/至少那些受伤的灵魂应该留下/靠在一棵很累的树上”。他在《我们捻亮每一盏早晨》中写道:“狂风撕裂的天空/最终成为鸟惟一的道路/我们被困在自己的伤口里/四处突围,我们的背后/雨,泣不成声/我们的痛苦价值连城”。在诗里,他直逼城市的高速发展对人们的生存和环境带来的困境。

程林来到上海20年了,他正慢慢地从一个他者变成“我们”中的一员,为大家解说城市生活的状态:“大楼们开始把庞大的头颅聚在一起/商量,结成经济共同体/垄断明天新上市的阳光/可是我们无动于衷,拎着下岗的危险/逛遍小菜场的每一个角落,寻寻觅觅/为猛涨两元钱的青菜大声地讨价还价/大街,城市的时装/我们穿过嘈杂的人群/许多坚硬的棱角和闪光的东西,被丢掉/我们匆忙的身影,其实格外单薄/我们从来没有机会发现擦肩而过／那张熟悉的脸，就是多年未见的朋友／我们总生活在自己的意料之中”。城市总是多棱的，笔者似乎听见程林内心的想法：让别人去写尽繁华和明媚，总得有人写出大厦底下的三角区，否则，就不会有一个鲜活真实的城市了。是的，城市是我们的摇篮，上海是我们的母亲，难道我们看到她发出一声沉重的叹息，我们就可以不爱她了吗？

程林的城市诗鲜有高亢明朗的格调，就像这一首《从沪嘉高速去踏青》也是带着些许的小心翼翼：

沿着高速公路
三三两两摇头晃脑的树
像乡村出走的流浪诗人

春风和轻轨一样
无声地划过城市
列车上的乘客全是绿色的

花儿有一张去年的面容
但谁也不认识我
红色桑塔纳美丽的喘息像远处的鸟鸣

孩子的脚步如灵感降临的打字机
“别踩着我的头”小草大声抗议
但谁都听不见

而我却听见字自己胸口

"哗"的一声
解冻了

程林的城市诗基本上都采用现代主义的艺术手法，这在工人诗人中十分罕见。也许是年纪轻的原因吧，他在江苏的高中受过良好的教育，语言的基础相当扎实，对诗歌词汇有很好的掌控能力。因此，早在中学阶段他的创作就频频见诸报端。他的城市诗有很多新奇的比喻，如"孩子的脚步如灵感降临的打字机"、"大街，城市的时装"；也有不少奇特的比拟，比如"受伤的灵魂应该靠在一棵树上"、"大楼们开始把庞大的头颅聚在一起商量"；还有临时改变词的使用范围，把大词当小词用的降用手法："他们宽阔厚实的肩膀／根本扛不起招聘启事上那枚大学图章"；用得最多的还是象征，比如这样的诗句："星星不断在眼睛里坠毁／这些光明的碎片，锋利的碎片／深深地扎进我们疲惫的生命"。他似乎是在哀叹城市的空气不再清新，所以我们再也看不到明亮的星星，失去了和谐美好的景观，我们的心也在受着深深的刺痛。一首好诗，应该是只可意会不可言传的，但也绝非晦涩或故弄玄虚，更不是在一碗白开水里面玩弄文字。程林虽然也属于新生代，但是他倒并没有患上那种只关注怎么写、不关心写什么的诗歌时代病。他的不足之处在于不太讲究诗歌的音乐性。诗歌是听觉的艺术，视觉只是第二位的。新诗也有新诗的节奏规律，要是没有音乐的翅膀，诗歌就不能飞得高飞得远，旧诗和新诗莫不如此。

上海，是一座海纳百川的港口，也是一座诗歌的城市。除了上述卓有成就的工人诗人以外，上海还有许多职工诗歌团体和数不清的职工业余诗人。许多行业和单位编辑了职工诗歌作品的汇编，笔者孤陋寡闻，只看到冰山一角，愿意在这里选取一首能够代表我们上海城市精神的《城市的足音》。当我们享受着上海改革开放的成果时，我们不要忘掉几百万外地民工为上海的城市建设作出的巨大贡献。上海医疗器械股份有限公司的职工包建国就用他的诗歌传达出上海对这些民工们深深的感激：

一双老茧突兀的手掌
扛起钢筋水泥
宛如扛着一轮滚圆的太阳
脚手架在泥刀的欢笑中
一层层长高
摇落了云霞
像山村里的阿妹
绽放姹紫嫣红的脸庞
湿漉漉的汗水
浸泡着每夜的乡愁
那颗漂泊的心
随着一张张汇款单飞回故乡
梦呓中一声深情的呼唤
痛了山那边还未过门的妹子
疼了盼儿回家的爹娘

缠绵在田野的种子
如今在城市里发芽
让十月的秋风
吹成一片累累的硕果
憨厚与柔情
沾满了都市的眉梢

每一幢高楼

每一座桥梁

每一片绿地

每一道景观

每一个隧道

每一条高架

城市的足音

飘逸出农民工的风采

铸就了都市的辉煌

梦寐以求的期盼

圆在了上海的天堂

* 新世纪的上海工人

结语

任何一种客观存在的文学现象都是有理由进入文学史的。就像我们过去的现代文学史不提张爱玲，不提沈从文，也不提钱钟书和林语堂，但是后来被外国人评价去了。墙内开花墙外香，又从出口转到内销，我们再仔细一看才觉得好得不得了。老一辈的海员作家陆俊超，国内没什么人知道他，可是法国第7大学编写的世界文学史里，专门列了一章介绍他的海洋文学。因此，我们对于上海的工人文学创作，也需要一种细读，通过细读去发现其中有意思的、有价值的东西，这对于弘扬我们上海文化中的积极因素是有好处的。

上海工人的文学创作活动从一开始就是群众性的，大约从1950年起就有工人的业余创作在报刊上发表。后来，工人的创作活动人数越来越多，影响也越来越大。工人的这种业余创作已经超越了文学的范畴，成为工人大众学文化的高级形式以及提高思想觉悟的自我教育形式，它也成为上海工人有力量的一个不可缺少的方面。工人的思想和情操、工人的劳动和创造都由工人自己来描写，哪怕在内容上有些偏激，艺术上不太成熟，这也是一种自我亮相和自我肯定。而占据人口百分之八十以上的农民就很难发出自己的声音，只能由知识分子专业作家来做代言人，代言错了还要挨批。对比一下，我们难道不该对工人群众的文学创作大呼一声“好得很”吗！况且，在群众性创作活动中涌现出来的佼佼者工人作家，他们的创作水准比起那些矫揉造作的二三流作家要好得多。关键在于我们怎么讲，是不是实事求是，是不是具有科学性。笔者不才，并不能把上海工人的文学创作分析得全面、到位。但是，这一笔文学遗产总是需要有人去研究，其中的积极因素也需要我们去发扬光大。笔者只是做一点抛砖引玉的工作而已，希望水平更高的人士把这方面的工作做得更好。

关于海派文学，窃以为有狭义和广义之分。广义的海派文学是描写上海、描写上海人、带有上海城市特点的文学，早就有优秀的作品问世。较早期的有茅盾的《子夜》，“孤岛”时期和抗战时期上海的“鲁迅风”杂文，文载道等人的文史散文，阿英、于伶的历史剧、夏衍的话剧和报告文学等等；后来有周而复的《上海的早晨》，再后来就有上海的工人文学。上海的工人文学描写的都是上海最为发达的工业行业、工业技术和最先进的工人形象，它概括了海纳百川、积极进取的城市精神。上海工人文学所体现的思想内涵和价值取向代表了先进文化的方向。它所提倡的社会主义、集体主义、国际主义和技术民主精神在上世纪五六十年代是社会的主流思潮。在当下的社会，虽然遭遇拜金主义和娱乐主义的冲击，但是工人文学关心民族工业的发展，关注上海的城市建设，为国家和自身利益大声疾呼，仍然代表着先进文化的方向，描摹着我们所心向往之的理想社会。

对于工人作家，各种观点众说纷纭，笔者确实很难给出一个确切的概念。考虑到本书主要是展示上海工人作家所塑造的工人群像，从这群工人形象身上人们可以看到上海工人文学创作的根本性特点，所以，笔者对于工人作家的取舍有三条简单的原则，就是工人写、写工人、写上海。简言之，所谓工人作家就是在成名之前曾经是工人，他的工人阶级世界观已经形成，并且坚持描写工人，描写上海，反映上海工人的思想感情和工人的诉求。

非常感谢海派文化研究中心、文汇出版社，感谢上海市总工会和市工人文化宫的领导，他们对笔者给予了充分的信任与鼓励；同时也要感谢编辑部主任张衍和本书的责任编辑乐渭琦先生，他们对笔者提出了很高的要求。虽然笔者所写距离他们的高要求差得很远，可如果没有他们的指点与帮助，笔者也许会写得更糟。所以，我们欢迎交流和批评。

跋

近来十分流行“创意”二字，如美术创意、建筑创意、文学创意等等，因其名目繁多而目不暇接，又因大多陌生而超然处之。但上海大学海派文化研究中心主任李伦新同志提出编辑《海派文化丛书》的创意使人精神一振，耳目一新，对我们从事文化工作的人来讲，正是思之无绪的良策，事之无措的善举。

此创意特色有三：

一是纵横驰骋，自成体系。该系列丛书将由海派书画、海派戏剧、海派建筑、海派文学、海派电影等方面近三十本书组成，基本囊括了能反映海派文化的各个领域，其中6本书将在2007年8月的上海书展上面世。此后每年出版7至8本，争取在2010年出齐，向世博会献礼。

二是叙述简洁，形式新颖。上海，不管你是否喜欢，它在近两百年内迅速发展成为一个国际大都市，并在中国占有重要地位的事实是无可置疑的。因此，上海是一个世人瞩目的、值得研究的、又众说纷纭的一个课题。论述上海、反映上海的书籍纷繁浩瀚，它们各有见解，各具特色，拥有各自的读者。有的是学术性的，史料详实，论证严密，但曲高和寡；有的是文学性的，情节曲折，故事生动，但内中难免掺杂作者个人的情感，而有失公允；有的是纪实性的，历史掌故和人间悲欢离合尽收其中，但珠玑散落，难于荟萃。丛书力图博采众长，“合三为一”，以纪实为主，兼顾史料的真实和文字的优美，并采用图文并茂的编辑方法，使之成为一套新颖的研究上海，介绍上海的书籍。

三是内容丰富，面向大众。丛书对海派文化的各个领域，诸如：戏剧、书画、建筑、文学、风俗等，既有宏观的研究与阐述，又有具体的描绘与剖析，向读者展示了一幅绚丽多彩的海派文化起源、发展、形成、深化的历史长卷，令人信服地得出这样的结论： 海派文化造就了被誉为“东方巴黎”和“东方明珠”的上海，形成了“海纳百川”、“精明求实”、“宽容趋新”等上海人的社会人格。丛书既是研究上海的学术著作，又是介绍上海的通俗读物，具有书柜藏书和案头工具书的双重功能。

上海市对外文化交流协会是进行中外文化交流的专门机构，以弘扬优秀传统文化和汲取世界先进文化为己任。协会成立20年正是上海改革开放取得辉煌成就的20年。协会乘势而为，解放思想，开拓进取，积极拓展外联渠道，构筑中外交流的平台，广泛开展国际间的社会科学、金融经济、科学技术、文化艺术交流，增进同世界各国人民的友谊和理解，成为上海的一个有影响的中外文化交流的窗口。我们在获悉丛书的编辑思想和出版计划时，就感到双方是心心相印的，所以决定对丛书出版给予经济上的支持。我们认为此举是对建设上海文化事业的支持，是对弘扬民族文化的支持，也是对自身工作的支持。

因为工作的缘故，经常有外国朋友赠送一些介绍他们的国家或城市的书籍。这些书籍装帧精美，内容言简意赅，形式图文并茂。由此联想，在丛书中选择若干本或若干章节翻译，汇编成书，那也是一种十分可取的介绍上海和宣传上海的内容和形式，特别对于将在2010年举办世博会的上海来说尤为如此。

本丛书的出版已引起有关单位的重视和关注。文汇出版社已将本丛书列为2007年出版计划中的重点书，并配备了业务能力强的文字和美术编辑；外宣部门认为这套丛书是很好的外宣资料，是世博会的一个很好的配套工程；有的图书馆反映查阅上海资料的读者日渐趋盛，这套丛书的出版适逢其时，将为读者提供更多的方便。

还必须强调的是丛书的编辑和出版也得到了作者的大力支持。去年年底，编委会召开部分作者参加的笔会，其中不乏畅销书的作家，编委会对他们提出了创作要求和交稿时限。尽管要求高、时间紧，但是作者均积极配合，投入创作，为第一批丛书在2007年8月的书展上与读者见面创造了条件。为此，有的延误了申报高级职称的机会，有的推迟了其他的创作计划，有的不厌其烦数易其稿。

天时、地利、人和似乎都护佑着丛书的面世。丛书是时代的产物，是集体智慧的结晶。

2007年7月

（本文作者为上海市对外文化交流协会副会长兼秘书长）

参考文献

1.《上海工人文艺创作选》,新文艺出版社,1954年12月。

2.《上海十年文学选集》,上海文艺出版社,1960年5月。

3. 魏金枝《编余丛谈》,作家出版社,1961年。

4. 以群《今昔文谈》,上海文艺出版社,1962年1月。

5. 姚文元《在前进的道路上》,人民文学出版社,1965年9月。

6.《文学运动史料》,上海教育出版社,1979年6月。

7.《新文学史料》,上海教育出版社,1979年6月。

8.《周扬文集》,人民文学出版社,1984年至1991年陆续出版。

9.《邵荃麟评论集》,人民文学出版社,1981年4月。

10.《作家谈创作》,花城出版社,1981年8月。

11.《中华人民共和国教育大事记》,教育科学出版社,1983年。

12. 钱化佛《30年来之上海》,上海书店出版社,1984年11月。

13.《毛泽东文艺思想讨论会文集》,人民文学出版社,1985年4月。

14. (美) 罗滋·墨菲《上海——现代中国的钥匙》,上海人民出版社,1986年10月。

15. 唐振常主编《上海史》,上海人民出版社,1989年10月。

16. 汤志均主编《近代上海大事记》,上海辞书出版社,1989年5月。

17. 徐剑艺《城市与人》,云南人民出版社,1989年1月。

18. 张仲礼主编《近代上海城市研究》,上海人民出版社1990年1月。

19.《陆定一文集》,人民出版社1992年2月。

20. 戴翊《新时期的上海小说》,上海社科院出版社1992年6月。

21. 魏天祥《文艺政策论纲》,中央党校出版社,1993年5月。

22. 陈鸣树编《20世纪中国文学大典》，上海教育出版社，1994年12月。
23. 冯牧主编《中国新文学大系 · 文学理论集》，上海文艺出版社，1997年11月。
24. 任建树主编《现代上海大事记》，上海辞书出版社，1996年5月。
25. 谢桃坊《中国市民文学史》，四川人民出版社，1997年10月。
26. 王晓明主编《20世纪中国文学史论》，上海东方出版中心，1997年11月。
27. 李洁非《城市文学之崛起》，《当代作家评论》，1998年第3期。
28. 钱理群《天地玄黄》，山东教育出版社，1998年5月。
29. 高奇《新中国教育历程》，河北教育出版社，1999年1月。
30. 浅井加叶子著、刘岳斌译《当代中国教育考察》，当代中国出版社，1999年4月。
31. 《上海通史 · 经济卷》，上海人民出版社，1999年9月。
32. 沙莲香《中国人百年——人格力量何在》，新华出版社，2001年1月。
33. 中共上海市委党史研究室编《艰难探索1956—1965——中国工人政治研究》，江苏人民出版社，2001年9月。
35. 赵园《北京：城市与人》，北京大学出版社，2002年1月。
36. 王福湘《悲壮的历程——中国革命现实主义文学思潮史》，广东人民出版社，2002年5月。
37. 《上海百年文化史》，上海科技文献出版社，2002年5月。
38. 洪子诚编《中国当代文学史史料选》，长江文艺出版社，2002年7月。
39. 洪子诚《问题与方法》，三联书店出版社，2002年8月。
40. 陈立旭《都市文化与都市精神——中外城市文化的比较》，东南大学出版社，2002年8月。
41. 蒋述卓《城市的想象与空间》，中国社会科学出版社，2003年6月。

42. 蓝爱国《解构十七年》，华东师范大学出版社，2003年9月。
43. 王军《城记》，三联书店出版社，2003年10月。
44. 朱晓进《20世纪中国文学与政治文化关系史论》，南京师范大学出版社，2004年4月。
45. 徐景贤《十年一梦》，香港时代国际出版社，2004年。
46. 王建刚《政治形态文艺学：五十年代中国文艺思想研究》，中国社会科学出版社，2004年1月。
47. 《海派文化纵横谈》，上海大学出版社，2004年5月。
48. 李天纲《人文上海》，上海教育出版社，2004年6月。
49. [美]埃里克·奥林·赖特著、陈心想等译《后工业社会中的阶级》，辽宁教育出版社，2004年6月。
50. 冯小敏主编《现代上海研究论丛》，上海书店出版社，2004年7月。
51. 包亚明主编《后大都市与文化研究》，上海教育出版社，2005年3月。
52. 陈平原、王德威《北京：都市想象与文化记忆》，北京大学出版社，2005年5月。
53. [法]白吉尔《上海史：走向现代化之路》，上海社科院出版社，2005年5月。
54. 宗福先等《于无声处》，上海文艺出版社，2005年6月。
55. 李扬《中国文学思潮史》，上海社科院出版社，2005年9月。
56. 崔志远《现实主义在当代中国的命运》，人民文学出版社，2005年9月。
57. 程光炜主编《都市文化与中国现当代文学》，人民文学出版社，2005年11月。
58. 王宏图《都市叙事与欲望书写》，广西师范大学出版社，2005年12月。
59. 孙逊主编《都市文化研究》，上海三联书店出版社，2005年12月。

60. 杨东平《城市季风》，新星出版社，2006年1月。

61. 王文胜《在与思："十七年"现实主义思潮新论》，南京师范大学出版社，2006年4月。

62. 熊月之、周武主编《上海——一座现代化都市的编年史》，上海书店出版社，2007年1月。

63. 杨扬《海派文学》，上海文汇出版社，2008年8月。

64. 《〈于无声处〉三十年》，上海文艺出版社，2008年11月。